A STUDY OF THE DISCRETIONARY CIRCUMSTANCES IN CRIMINAL LAW

刑法中的酌定情节研究

胡成胜——著

法律出版社
LAW PRESS · CHINA
北京

图书在版编目（CIP）数据

刑法中的酌定情节研究 / 胡成胜著 . -- 北京 : 法律出版社 , 2025. -- ISBN 978-7-5244-0178-0

Ⅰ. D924.134

中国国家版本馆 CIP 数据核字第 2025VN6962 号

刑法中的酌定情节研究
XINGFA ZHONG DE ZHUODING QINGJIE YANJIU

胡成胜 著

责任编辑 朱轶佳
装帧设计 鲍龙卉

出版发行 法律出版社
编辑统筹 司法实务出版分社
责任校对 王语童
责任印制 胡晓雅
经　　销 新华书店

开本 A5
印张 8.375　**字数** 167 千
版本 2025 年 6 月第 1 版
印次 2025 年 6 月第 1 次印刷
印刷 北京新生代彩印制版有限公司

地址：北京市丰台区莲花池西里 7 号（100073）
网址：www.lawpress.com.cn
投稿邮箱：info@lawpress.com.cn
举报盗版邮箱：jbwq@lawpress.com.cn
销售电话：010-83938349
客服电话：010-83938350
咨询电话：010-63939796

书号：ISBN 978-7-5244-0178-0
定价：48.00 元
凡购买本社图书，如有印装错误，我社负责退换。电话：010-83938349

— 引　言 —

情节是我国刑法中广泛使用的一个概念，据有学者统计，“情节”一词在我国1979年《刑法》中共出现72次，平均每3个法条中就会出现1次“情节”；在我国1997年《刑法》中，“情节”共出现290次以上，相当于平均每2个法条中出现1次“情节”。〔1〕鉴于法定情节的有限性，这些“情节”的内容绝大多数都需要酌定情节来填充。作为《刑法》中情节的一种，首先，酌定情节是一个立法技术问题，现实中酌定情节包含了许多复杂因素，立法难以一一预见并作出精确描述，或者虽能预见但需要以大量文字描述，势必损害《刑法》的简短价值，于是立法不得已采用“情节”这一概括性规定。一方面，可以防止预见不全面出现漏洞，导致不公平现象；另一方面，避免让《刑法》变得过于庞大，便于适用和遵守。其次，酌定情节的存在体现了法官在对犯罪分子定罪量刑时的自由裁量权，有利于弥补成文刑法的局限性，避免教条主义，引导法官

〔1〕 参见高维俭:《罪刑辩证及其知识拓展》，法律出版社2010年版，第143页。

更加充分全面地考察案件的所有事实细节，确保定罪准确、量刑适当，最大限度地实现罪刑相适应。

酌定情节如此重要，然而我国《刑法》并没有就酌定情节的内容、功能和适用作出任何专门规定，而是蕴含在上述 290 余处“情节”的规定中。实践中，法官在定罪量刑时虽然越来越注重对情节的审查与适用，但同法律具有具体规定的自首、立功、未成年人等法定情节相比，酌定情节由于欠缺具体条文规定，在提取和认定上就是一个难题，尤其是一些不常见的酌定情节更加容易被遗漏，即便提取出来，究竟是影响定罪还是影响量刑，能够在多少程度上影响定罪量刑，也考验法官的专业素养、从业积累和综合素能。稍有不慎，则可能会忽视个案的具体情况，偏离精准科刑的目标。如果再加上不同法官的个体差异、不同地域的标准差异等因素，这种偏离可能会放大，显然有违公平正义的基本价值追求。

鉴于以上司法现状，学界对酌定情节也给予了一定的关注，近年来专门研究酌定情节的各种期刊论文、硕士论文在数量上堪称壮观，倘若再加上研究情节时顺带介绍酌定情节的著述，则是不胜枚举，更别说各种教材、专著在论及刑罚的裁量时一般都要讲到“酌定量刑情节”的相关内容。然而，现有的学术研究成果绝大多数都是将酌定情节放在量刑的范畴内分析，认为酌定情节仅是“量刑情节”的一种，并且多停留于对常见酌定情节的列举和说明。目前还没有专门就酌定情节的本质、概念、类型、功能、运用等问题进行全面系统研究的著述。究竟应该如何界定酌定情节的概念才算科学？酌定情节与法定情节是否为泾渭分明的两个概念？酌定情节与犯罪构成要件之间是什么关系？酌定情节除了能够影响量刑是否还具有影响定罪的功能？如果酌定情节确实能够影响定罪的话，又是通过什么途径实现该项功能的，具体哪些酌定情节具有该项功能？酌定情节是如何影响量刑的，在量刑的哪些环节起作用，定罪过程中使用过的酌定情节量刑时能否再次适用？面对酌定情节在立法和司法适用中存在的种种不足，应当如何规范才能最大限度地确保定罪准确、量刑适当？等等问题在现有的研究著述中很难找到系统性的答案。

正是这些亟待解决的问题促使笔者将“刑法中的酌定情节”作为本书的选题，希望通过本书的研究，寻找到上述相关问题的正确解答，还酌定情节以应有的理论重视和实践价值，为司法实践中正确适用酌定情节提供科学的理论参考。

本书的创新之处主要表现在以下几点：第一，突破传统理论只将酌定情节定位为“量刑情节”的片面认识，从定罪和量刑两个视角研究酌定情节。第二，针对传统理论和司法实践重视法定情节轻视酌定情节的不当观点，提出酌定情节和法定情节划分的相对性，认为酌定情节同样具有法定性，法定情节也具有酌定性，并详细阐释了酌定情节与法定情节之间的关系。第三，梳理了酌定情节在我国古代法制史中的发展脉络。第四，厘清了酌定情节与犯罪构成要件之间的关系。第五，系统研究了酌定情节在定罪中的作用。打破“犯罪构成是犯罪成立的唯一标准”的传统认识，建立“犯罪构成 + 情节非显著轻微 = 犯罪成立”的犯罪认定标准。将犯罪构成要件分为含有弹性因素的构成要件和不含弹性因素的构成要件两种类型，认为酌定情节是判断犯罪构成弹性要件符合性的主要依据。分层介绍了情节非显著轻微在分则罪名中的适用情形，并详细论述酌定情节在判断情节非显著轻微中的作用。第六，将量刑视为一个动态的考察过程，并具体分析了酌定情节在动态量刑中的作用。

—目 录—

— 第一章 —
酌定情节之基本界定

第一节　酌定情节概念的传统观点评析

概念是人类思维的基本形式之一，也是组成其他思维形式的基本要素。正确把握酌定情节的概念，是研究酌定情节其他一切相关问题的逻辑起点。

一、酌定情节概念的传统认识

传统刑法理论对酌定情节的研究基本上都是放在量刑部分，把酌定情节作为影响刑罚裁量的因素。对酌定情节概念的界定也大多是限定在量刑情节的范畴内，将酌定情节视为量刑情节的一种类型，是与法定情节相对应的概念，有的论著则干脆使用“酌定量刑情节”这一概念。在这一基本前提下，不同的论著对酌定情节的定义表述也不尽相同。这里择取以下具有代表性的表述方式作为例子:(1)是指审判机关在量刑时酌情考虑的情节。[1](2)是指审判机关灵活掌握的,影响犯罪对社会的危害程度,从而影响处刑轻重的法定情节以外的其他情节。它虽然不是法律明文规定的,但却是根据立法精神和有关刑事政策,从审判实践中抽象、概括出来的。[2](3)是指《刑法》中没有明文规定,但是根据刑事立法精神和有关刑事政策,由司法机关根据审判实践概括出来,在裁量刑罚时也需要予以考虑的各种犯罪事实情况。[3](4)是指《刑法》未明文规定但实际上认可,而由审判机关具体掌握、酌情适用的量刑情节。[4](5)是指法律上虽然没有明文规定,但对责任大小和预防犯罪有影响的,在量刑时应灵活掌握酌情适用的情节。[5](6)是指法律规定所允许的,在法定量刑情节以外的对犯罪适用刑罚的各种情节。[6](7)是我国刑法认可的,从审判实践经验中总结出来的,对行为的社会危害性和行为人的人身危险性程度具有影响的,在量刑时灵活掌握、酌情适用的各种事实情况。[7](8)酌定量刑情节,简称酌定情节,是《刑法》未作明文规定,根据刑法立法精神与有关刑事政策,在量刑时需要酌情考虑的情节。[8](9)是与法定

〔1〕 参见何秉松主编:《刑法教程》,法律出版社 1987 年版,第 175 页。

〔2〕 参见王作富主编:《中国刑法适用》,中国人民公安大学出版社 1987 年版,第 249 页。

〔3〕 参见高铭暄、马克昌主编:《刑法学》,北京大学出版社 2007 年版,第 309 页。

〔4〕 参见樊凤林主编:《刑罚通论》,中国政法大学出版社 1994 年版,第 402 页。

〔5〕 参见肖开权主审,顾肖荣、吕继贵主编:《量刑的原理与操作》,上海社会科学院出版社 1991 年版,第 33 页。

〔6〕 参见苏惠渔、张国全、史建三:《量刑与电脑——量刑公正合理应用论》,百家出版社 1989 年版,第 45 页。

〔7〕 参见马克昌主编:《刑罚通论》,武汉大学出版社 1999 年版,第 358 页。

〔8〕 参见张明楷:《刑法学》(第 4 版),法律出版社 2011 年版,第 503、506 页。

情节相对应的，法律对其具体内容及其功能没有作出明确规定，依其具体情况对量刑之轻重产生影响的量刑情节。[1](10)酌定情节，又称裁判情节，是指《刑法》并未明确规定，由司法人员根据立法精神和司法实践经验，结合具体案件情况灵活把握的情节。[2](11)是指法律没有规定但予以认可的，由审判机关归纳出来的，其具体内容和形式须结合具体案情自行评价、据以处罚宽严的主客观事实情况。[3](12)是法律明确规定其适用依据，审判机关及其法官必须考虑，反映犯罪行为社会危害性和行为人人身危险性大小的，除法定量刑情节以外的量刑情节。[4]

二、酌定情节概念传统认识的缺陷

在本书看来，上述有关酌定情节的诸定义虽然从不同的角度揭示了酌定情节的某些特征，但是都不同程度地存在着这样或那样的缺陷。详述如下。

（一）将酌定情节限定在量刑情节的范畴内失之片面

这是由于对酌定情节的功能缺乏全面的认识造成的。任何问

〔1〕 参见陈兴良主编：《刑事司法研究——情节·判例·解释·裁量》，中国方正出版社1996年版，第140页。

〔2〕 参见冯卫国、王志远：《刑法总则定罪量刑情节通释》，人民法院出版社2006年版，第3页。

〔3〕 参见蒋明：《量刑情节研究》，中国方正出版社2004年版，第37页。

〔4〕 参见王利宾：《酌定量刑情节规范适用研究》，上海社会科学院出版社2010年版，第17页。

题的理论研究都允许在一定程度上超越既有的立法文本的束缚，但是不能完全无视现行法律的规定，否则就会因为缺乏现实依据或者针对性而失去意义。我国现行《刑法》虽然没有直接就酌定情节的功能作出详细具体的规定，但是从有关情节的概括性规定的条款中可以看出，酌定情节的功能绝非局限于量刑，同样可以触及定罪。酌定情节影响定罪的法律依据集中表现在我国《刑法》第13条但书以及《刑法》分则关于情节犯的规定中。我国《刑法》第13条但书规定"但是情节显著轻微危害不大的，不认为是犯罪"，此处的"情节"显然不能理解为仅限于法定情节，因为《刑法》规定的法定情节是十分有限的，现实案件的复杂多样性决定了《刑法》不可能穷尽所有的个案情节，因而立法采用"情节"这一概括性的表述方式，将没有被具体列入《刑法》条文但同样对罪与非罪具有重要影响的事实细节涵盖进来，以避免立法漏洞，这些没有被具体列入《刑法》条文却又影响罪与非罪的事实细节就是酌定情节。情节犯的规定也是同样的道理，例如，根据《刑法》第398条故意泄露国家秘密罪的规定，故意泄露国家秘密，情节严重的才成立该罪。何为"情节严重"？最高人民检察院2006年发布的《关于渎职侵权犯罪案件立案标准的规定》作出了比较具体的解释，〔1〕

---

〔1〕 最高人民检察院《关于渎职侵权犯罪案件立案标准的规定》"一、渎职犯罪案件"在"（三）故意泄露国家秘密案（第三百九十八条）"中规定："故意泄露国家秘密罪……涉嫌下列情形之一的，应予立案：1、泄露绝密级国家秘密1项（件）以上的；2、泄露机密级国家秘密2项（件）以上的；3、泄露秘密级国家秘密3项（件）以上的；4、向非境外机构、组织、人员泄露国家秘密，造成或者可能造成危害社会稳定、经济发展、国防安全或者其他严重危害后果的；5、通过口头、书面或者网络等方式向公众散布、传播国家秘密的；6、利用职权指使或者强迫他人违反国家保守秘密法的规定泄露国家秘密的；7、以牟取私利为目的泄露国家秘密的；8、其他情节严重的情形。"

不难发现，这一解释实际上是从目的、对象、手段、结果等方面为司法实践指明了判断“情节严重”与否的依据，而目的、对象、手段、结果正是酌定情节的表现形式。因此，酌定情节不但是量刑的依据，还是定罪的依据，仅将酌定情节限定在量刑的范畴内界定是不全面的。

其实，早在20世纪90年代初，就有个别学者对传统理论中只把酌定情节作为量刑情节之一的观点提出商榷，认为酌定情节既包括酌定定罪情节也包括酌定量刑情节，具体是指《刑法》对其内容和形式只作概括性规定的、表明行为的社会危害性和行为人人身危险性及其程度，影响定罪和量刑的客观事实情况。〔1〕陈兴良教授在其主编的《刑事司法研究——情节·判例·解释·裁量》一书中，将《刑法》中的情节分为定罪情节和量刑情节，虽然把酌定情节明确放在量刑情节部分进行界定，然而在介绍定罪情节的内容时，认为其除了包括犯罪对象、犯罪手段或方法、犯罪的时间、地点和环境、犯罪动机、犯罪目的、结果加重犯中的加重结果、数额犯中的数额之外，还包括犯罪前的一贯表现和犯罪后的认罪态度。〔2〕很显然这些所谓定罪情节的内容绝大多数都是酌定情节的表现形式。此外，有许多专门论述定罪情节的著述，〔3〕从这些著述

---

〔1〕 参见张宝华：《酌定情节论》，载《河北法学》1993年第2期。

〔2〕 参见陈兴良主编：《刑事司法研究——情节·判例·解释·裁量》，中国方正出版社1996年版，第29～31页。

〔3〕 参见王晨：《定罪情节探析》，载《中国法学》1992年第3期；覃珠坚：《略析定罪情节》，载《江西行政学院学报》2003年第S2期；李洁：《定罪量刑情节若干问题研究》，载《北华大学学报（社会科学版）》2001年第1期；王充：《定罪情节若干问题研究》，载《法学评论》2000年第6期；等等。

对定罪情节的界定来看，所谓定罪情节的内容要么明确包括犯罪对象、犯罪手段或方法、犯罪的时间、地点和环境、犯罪动机、犯罪目的等在本书看来实际上就是酌定情节的内容，[1]要么无法排除酌定情节的内容。[2]由此看来，传统刑法理论虽然将酌定情节作为量刑情节类型之一放在量刑部分研究，但实际上并不完全否认其在定罪中的意义。

不过，本书并不赞成将酌定情节从类型上分为酌定定罪情节和酌定量刑情节，与其道理相同，当然也不同意把《刑法》中的情节划分为定罪情节和量刑情节两种类型。这里为了表述方便，仅就酌定情节展开说明。虽然，酌定情节在功能上既影响定罪也影响量刑，但是据此对酌定情节做上述划分是不科学的或者说是没有实际意义的。因为，事实上并不存在独立的酌定定罪情节只影响定罪而不影响量刑，也不存在独立的酌定量刑情节仅影响量刑而不关涉定罪。

传统理论之所以作此划分，可能是出于两点考虑：其一，酌定情节可能存在于犯罪过程中，也可能存在于犯罪发生前和犯罪实

〔1〕 例如，王晨教授在《定罪情节探析》一文中写道："一般认为，(定罪情节——笔者加)应该具体包括以下一些因素：(1)犯罪对象；(2)犯罪手段或方法；(3)犯罪的时间、地点和环境；(4)犯罪动机；(5)犯罪目的；(6)结果加重犯中的加重结果；(7)数额犯中的数额。"参见王晨：《定罪情节探析》，载《中国法学》1992 年第 3 期。

〔2〕 例如，王充教授在《定罪情节若干问题研究》一文中对定罪情节的界定是："狭义的定罪情节是指刑法分则中规定的犯罪行为基本犯罪构成以外的，与行为或行为人密切相关的影响行为是否构成犯罪的各种具体事实情况。"单从这一定义看，并没有将酌定情节的内容排除在定罪情节之外。参见王充：《定罪情节若干问题研究》，载《法学评论》2000 年第 6 期。其余关于定罪情节的界定在无法排除酌定情节这一点上与之基本相同，不再重复举例。

施后，前者如动机、目的、手段、对象、结果等，可以称为罪中酌定情节，后者如行为人行为实施前的一贯表现和行为实施后的态度等，可以称为罪前、罪后酌定情节。影响定罪的只能是罪中酌定情节，而影响量刑的既包括罪中酌定情节也包括罪前、罪后酌定情节。例如，前述作此划分的论者就认为，“酌定的定罪情节必须是罪中情节。罪前情节（如犯罪人一贯表现）及罪后情节（如积极退赃），只反映行为人人身危险性，不能作为定罪情节”；酌定的量刑情节内容既有罪中情节，又有罪前情节和罪后情节。[1]由于酌定情节在定罪和量刑中体现为不同的内容，因而需要从概念上进行区分。其二，在定罪过程中使用过的酌定情节不可以在量刑中再次使用，否则就违背了禁止重复评价原则，而定罪只需要选择满足犯罪成立最基本要求的情节。如此一来，定罪中的酌定情节和量刑中的酌定情节在内容上并不相同，所以需要设置相对应的概念。

可是，在本书看来，一方面，在定罪时不但要考虑罪中酌定情节，还要考虑罪前和罪后酌定情节，与量刑没有不同；另一方面，同一个情节既会在罪与非罪的认定中发挥作用，也难免在刑罚的裁量中产生影响，这样做并不是重复评价。关于这两点基本认识，下文还要详细论述，在此不再赘述。总之，无论是对于酌定情节还是对于《刑法》中的情节都没有必要作上述划分。

（二）将刑事政策作为酌定情节的依据不正确

前述第二个、第三个、第八个定义中将刑事政策作为酌定情节

〔1〕 参见张宝华：《酌定情节论》，载《河北法学》1993年第2期。

的依据是不正确的。所谓刑事政策,“是国家和地方公共团体通过预防犯罪,维持社会秩序的稳定、安宁所采取的一切措施”。“刑事政策的核心是防止犯罪的国家活动”。〔1〕一个国家的刑事政策与该国的法律具有密切的联系,刑事政策需要在法律中得到体现,其中“刑事法律在国家刑事政策的表现形式中占据中心地位”。〔2〕换句话说,刑事政策的基本原则和价值理念已经在《刑法》中得到了体现,作为预防和打击犯罪活动的定罪量刑的依据只能是《刑法》规定,而不能直接援引刑事政策。一方面,这是罪刑法定的当然要求,因为罪刑法定的“法”显然不宜将刑事政策囊括进来(1979年《刑法》施行后尤其如此);另一方面,从技术上讲,刑事政策也不可能为定罪量刑提供明确的标准,因为刑事政策是抽象的,《刑法》才是具体可以依照的。当然,并不是说刑事政策在立法化后就没有了价值,因为在具体的法律适用过程中,刑事政策起着引导司法人员结合社会形势正确理解运用法律的作用。

说到这里,就可以明白作为定罪量刑重要依据的酌定情节存在的依据只能是《刑法》而不是刑事政策。虽然刑事政策对定罪量刑活动可能具有重要的时代导向性影响,并且这种影响也主要是通过对酌定情节的把握和运用来实现的,但是就情节本身的存在而言还是以《刑法》为依据的。刑事政策只影响酌定情节的适用而不是创设酌定情节本身。更何况,刑事政策的这种影响仍必

---

〔1〕 参见[日]大谷实:《刑事政策学》,黎宏译,中国人民大学出版社2009年版,第3、4页。

〔2〕 参见[俄]С.С.Босхолов:《刑事政策的基础》,刘向文译,郑州大学出版社2002年版,第59页。

须在《刑法》的基本原则和规范框架内展开，并且借助《刑法》的强制力才能得以实现。〔1〕

（三）没有充分揭示出酌定情节的本质属性

上述定义中除了第二个、第七个、第十二个定义分别提到酌定情节“影响犯罪对社会的危害程度”“对行为的社会危害性和行为人的人身危险性程度具有影响”“反映犯罪行为社会危害性和行为人人身危险性大小”，从而触及酌定情节的本质属性外，其他定义的共同缺陷是都没有揭示情节的本质属性，而只是描述了酌定情节某些方面的特征。这些定义大抵都把酌定情节表述为在量刑时需要具体掌握、酌情适用的情节。但是，这种定义方式于理论、于实践都没有任何价值，因为它仍然没有回答在复杂的案件事实中究竟哪些是酌定情节，为什么这些事实在量刑中需要被考虑？下定义需要揭示出定义对象的内涵，内涵即事物的本质属性，从逻辑上讲，不是因为某事实能够影响定罪量刑才是酌定情节，而是因为它具备某种本质属性从而成为酌定情节才具有影响定罪量刑的功能。因而，只有在定义中界定清楚酌定情节的本质，才能从根本上对上述问题作出解答。

（四）传统认识的其他缺陷

对酌定情节概念的传统界定方式除了以上几点突出问题外，

〔1〕 参见王利宾：《酌定量刑情节规范适用研究》，上海社会科学院出版社 2010 年版，第 11 页。

还存在以下几点不足：

首先，容易把酌定情节等同于司法实践中常见的酌定情节，抹杀酌定情节的客观普遍性。例如，第二个、第三个、第七个、第十一个定义中使用了“从审判实践中抽象、概括出来”等类似表述，似乎给人一种错误的认识，即只有从审判实践中总结出来了才是酌定情节，没有总结出来的就不是酌定情节。事实上，酌定情节客观普遍地存在于司法实践中，其中有经常反复出现于个案中的酌定情节，也有出现概率比较小的酌定情节。对于前者可以通过实践经验的总结将其抽象出来并赋予其相应的名称，如动机、目的、手段、对象、结果等，对于后者由于其非典型性可能短期内无法将其以明确总结出来，但又确实影响到个案的定罪量刑。所以，无论是否已经被司法实践概括抽象出来，酌定情节都客观普遍地存在着，从司法实践中概括抽象出来并不是酌定情节的特征，不应该出现在其定义的表述中。

其次，将《刑法》没有明文规定作为酌定情节的特征之一欠准确。上述第二个、第三个、第四个、第五个、第八个、第十个、第十一个定义都认为酌定情节不是法律明文规定的，这种认识是不准确的，并且与《刑法》第 3 条罪刑法定原则的表述相冲突，容易引起人们对酌定情节有无法律依据的质疑。事实上，酌定情节并非没有法律规定，而是概括性地使用“情节”一词规定在《刑法》总则和分则的许多条文中，只是没有就其内容和功能作出详细具体的规定而已。

最后，上述多数定义都认为酌定情节是审判机关“酌情考虑，酌情适用”的情节，一方面，这样表述含义不明确，酌情适用是指适用或不适用酌情而定，还是如何适用酌情而定？如果是前者，则酌定情节就可能成为恣意裁判的“护身符”；如果是后者，法定情节同样存在着如何适用的问题，酌情适用并不是酌定情节区别于法定情节的本质特征。[1]另一方面，这种观点容易造成司法实践中轻视甚至忽视酌定情节，会认为法定情节在适用上优先于酌定情节，导致在定罪量刑中不能准确全面地发挥酌定情节的作用，产生定罪偏差、量刑不当的不利后果。而实际上，酌定情节之“酌定”是指其内容不确定以及由内容不确定所导致的功能指向和作用力大小的不确定，并不是适用与否的酌定。

第二节　酌定情节概念的重新界定

一、正确界定酌定情节概念的方法

在逻辑学中，对某个概念下定义大体上讲有两种方法：一是通过揭示概念所反映的对象的本质属性来形成真实定义；二是通过揭示概念用以表达其内涵的语词的思想内容而形成语词定义。其中，前一种类型是常用的定义方法，而语词定义方法仅适用于某语词已有确定的意义，只须将这种意义予以说明，或者当提出一个新语词或在某种特殊意义上使用某具有歧义的语词时，对其作出规

〔1〕 参见马克昌主编：《刑罚通论》，武汉大学出版社 1999 年版，第 357 页。

定性解释的情况。显然，给酌定情节下定义只能采用第一种定义方法。而真实定义的界定方法从结构上说，是通过揭示被定义项的邻近属概念和种差来下定义，用公式表示就是：被定义项 = 种差 + 邻近属概念。邻近属概念通常是比被定义项的外延更大而又接近被定义项外延的概念，但邻近属概念的确定还要取决于所解决问题的范围。[1]研究酌定情节概念的实践意义在于从复杂的刑事案件事实中遴选出对定罪量刑有刑事实体法意义的因素，故可以将酌定情节的邻近属概念确定为"事实"。种差即为被定义项所反映的思维对象的特有本质属性。因此，界定酌定情节的定义最关键的任务就转变为对其本质属性的揭示。这一逻辑方法同样符合哲学认识论的基本规律，在哲学上，认识事物要透过现象掌握本质，所以，抓住酌定情节的本质是解决酌定情节一切问题的根本。

所谓本质，是指一事物区别于他事物的内在规定性，一方面是此事物之所以成为此事物的决定性因素，另一方面是此事物区别于彼事物的根本标志。世界上的一切事物都具有一定的本质，并且每一个事物本质上都具有不同于其他事物的独立品格，正因如此，才存在着千差万别的不同事物。然而，事物的本质是多方面的，而不是固定的、一元的，这也是与哲学中本质的含义——一事物区别于他事物的内在规定性——相对应的，即事物的本质需要在与他事物的比较中层层揭示出来。人们应当力求全面地揭示事物的本质，但是人们对事物本质的认识也是一个无极限的辩证发

〔1〕 参见楚明锟主编：《逻辑学》，河南大学出版社 2000 年版，第 35～39 页。

展过程，因而，我们不可能也没有必要在任何情况下都穷尽事物的所有本质，而只能是根据社会实践的需要把握住与实践内容关系最为密切的某个或者某些本质即可。例如，医生对病人的诊断，主要是把握其生理本质，检查其身体状况，而对病人的社会本质并不需要把握；用人单位对于应聘人员的考察，则主要是把握其社会本质，了解其思想状况和工作能力，但其生理性本质就不是此时主要的考察对象了。〔1〕

酌定情节作为刑法范畴中客观存在的事物，与上述基本哲学原理一样，其本质也具有多面性或者层次性。把握酌定情节的本质自然也得依据研究的目的或者解决问题的需要而定，纯粹揭示酌定情节的本质固然对于深化酌定情节本身的认识具有理论意义，但是一方面必然会因有失全面而使其理论价值大打折扣，另一方面会因为缺乏针对性而不具有太大的实践意义。仅就酌定情节概念的基本界定而言，其最直接的目的主要有二：其一，为从复杂的刑事案件事实中遴选出对定罪量刑具有刑事实体法意义的因素提供标准。其二，将酌定情节与法定情节区分开来。第二个目的比较容易解决，因为酌定情节与法定情节都类属于情节这个属概念，在情节的范畴内两者的本质是一致的，有的只是形式上的区别，即《刑法》对法定情节的内容和功能都作了相对具体的规定，而对酌定情节《刑法》仅作出概括性的规定，并没有就其内容和功能进行详细具体的描述。第一个目的比较棘手，因为刑事个案中

〔1〕 参见赵家祥、聂锦芳、张立波：《马克思主义哲学教程》，北京大学出版社 2003 年版，第 158 页。

可能存在众多复杂多样的事实细节，其中有的对犯罪的认定和刑罚的裁量具有刑事实体法意义，如说明犯罪目的的事实细节、说明犯罪手段的事实细节等；有的仅具有刑事程序法的证明意义，如行为人的穿着、长相、口音、指纹等；有的则可能不具有任何意义。如何将对定罪量刑具有刑事实体法意义的酌定情节从诸多事实中提取出来，进而正确地适用于定罪和量刑，只有从酌定情节的本质入手，才能找到准确的答案。

二、正确界定酌定情节概念的前提：酌定情节的本质

既然研究酌定情节本质的直接目的是为酌定情节的提取提供标准，而提取酌定情节是为了适用于定罪量刑以确保定罪准确、量刑适当，那么酌定情节的本质自然要借助犯罪的本质来寻找。而实际上，个案的犯罪总是由具体的情节组成，是情节的集合，没有不表现为具体情节的犯罪。就酌定情节而言，犯罪是整体而酌定情节是部分，犯罪是抽象而酌定情节是具体，整体由部分组成，抽象的犯罪在实践中必然展现为包括酌定情节在内的具体情节。相对于组成整体的部分而言，整体的本质必然影响部分的本质，部分的本质必然指向整体的本质。因此，要界定酌定情节的本质必须先弄清楚犯罪的本质。

（一）犯罪的本质：认识酌定情节本质的路径

犯罪的本质是犯罪区别于其他社会现象的内在质的规定性，

它解决的是法律为什么将某种行为规定为犯罪的问题。关于犯罪的本质，西方刑法学者从多方面进行了研究，并提出了各种不同的观点，主要有权利侵害说〔1〕、法益侵害说〔2〕、义务违反说〔3〕、社会伦理规范违反说〔4〕，以及综合说〔5〕，等等，其中，法益侵害说得到较多学者的支持，基本上处于通说地位。这些观点虽然从不同的角度、在一定程度上触及犯罪的本质问题，将刑法学对犯罪的认识引向深入，但是也都存在自身难以克服的各种缺陷，这在学者否定

---

〔1〕 权利侵害说是由刑事古典学派的代表人物费尔巴哈提出的观点，该说认为，犯罪的本质是对由法所赋予的权利的侵害。参见高铭暄、马克昌主编：《刑法学》，中国法制出版社2007年版，第43页；马克昌：《比较刑法原理——外国刑法学总论》，武汉大学出版社2002年版，第83页；张明楷编著：《外国刑法纲要》（第2版），清华大学出版社2007年版，第55页。

〔2〕 法益侵害说是由毕尔巴模最先倡导的，后来得到宾丁与李斯特的继承和发展，该说认为，犯罪的本质是对国家所保护的财产或者利益的侵害或者侵害的危险，即犯罪对法益的侵害或侵害的危险。参见高铭暄、马克昌主编：《刑法学》，中国法制出版社2007年版，第43页；马克昌：《比较刑法原理——外国刑法学总论》，武汉大学出版社2002年版，第83页；张明楷编著：《外国刑法纲要》（第2版），清华大学出版社2007年版，第55页。

〔3〕 义务违反说是由德国纳粹时代的施卡富斯坦因（Friedrich Schaffstein）提出的见解，该说认为，犯罪的本质不是法益的侵害，而是义务的违反。参见高铭暄、马克昌主编：《刑法学》，中国法制出版社2007年版，第43页；马克昌：《比较刑法原理——外国刑法学总论》，武汉大学出版社2002年版，第84页。

〔4〕 社会伦理规范违反说是由日本刑法学者小野清一郎发展M.E.迈耶的文化规范论所提倡的理论，他虽然也重视法益侵害的一面，但认为犯罪的本质当求之于违反社会伦理规范。参见高铭暄、马克昌主编：《刑法学》，中国法制出版社2007年版，第44页；马克昌：《比较刑法原理——外国刑法学总论》，武汉大学出版社2002年版，第84页。

〔5〕 综合说又可以分为两种：一是兼采法益侵害说与义务违反说的综合说，二是兼采法益侵害说与社会伦理规范违反说的综合说。前者认为，犯罪的本质基本上是对各类法益的侵害，同时在一定范围、一定义务的违反可以作为本质；后者认为，从维护社会秩序的观点来看，没有必要将所有的法益侵害行为都认为是犯罪，犯罪的本质应该理解为违反社会伦理规范的法益侵害行为。参见高铭暄、马克昌主编：《刑法学》，中国法制出版社2007年版，第44页；马克昌：《比较刑法原理——外国刑法学总论》，武汉大学出版社2002年版，第84页。

前人的学说提出自己的观点时已经有所认识并予以揭示。即使基本上处于通说地位的法益侵害说在西方学者中间也没有获得普遍的认可。因为，一方面，法益侵害说不能解释清楚为什么对有些法益（如生命权、健康权）的侵害被规定为犯罪，而对另一些法益的侵害（如姓名权、肖像权）却没有被规定为犯罪；另一方面，也是多数观点都具备的共同缺陷，即法益侵害说并没有真正从实质上揭示犯罪的本质。问题就出在对法益概念本身的界定上，自法益侵害说形成之初，法益的概念就因欠缺明确性而存在着激烈的争论，并且这种争论至今仍然没有停息。〔1〕从法益侵害说是回答犯罪的本质问题这一基本出发点来看，大抵可以认为法益是刑法所保护的利益，如此一来，法益侵害说不就仅停留在形式上了吗？

我国传统刑法理论站在马克思主义犯罪观的基本立场上，对上述西方的犯罪本质观点持否定态度。根据马克思和恩格斯对犯罪本质的经典表述，即“犯罪——孤立的个人反对统治关系的斗争，和法一样，也不是随心所欲地产生的。相反地，犯罪和现行的统治都产生于相同的条件。同样也是那些把法和法律看作某些独立自在的一般意志的统治的幻想家才会把犯罪看成单纯是对法和法律的破坏”。〔2〕我国传统刑法理论认为，犯罪的本质在于对统治关系的危害，即统治阶级之所以把某一行为规定为犯罪，归根到底

〔1〕 参见张明楷编著:《外国刑法纲要》(第2版)，清华大学出版社2007年版，第55～56页。

〔2〕《马克思恩格斯全集》(第3卷)，人民出版社1960年版，第379页。

是由于该行为具有危害统治关系的社会危害性。[1]这种认识是我国传统刑法理论的通说，几乎"已经成为学界的'共许前提'，社会危害性成为不证自明、不言而喻的公理，一切推论都或深或浅、或明或暗地由此而开始"[2]。本书亦采用通说观点，认为犯罪的本质是社会危害性。

然而，不可否认的是，本质应该是一事物区别于他事物的特有标志，但是社会危害性本质说却具有一个最大的弊病，就是不能够将犯罪行为与一般违法行为甚至违反道德的行为区分开来，因为，一般违法行为、违反道德的行为同样具有社会危害性。为此，近年来，学者对传统的社会危害性说进行了修正，相继提出了严重的社会危害性说、应受刑罚惩罚的社会危害性说、极端的社会危害性说等观点，试图从社会危害性的程度上进行限定，以确保社会危害性作为从本质上区分罪与非罪的标准。这种努力在理论上当然是成立的，可是在实践中这个程度标准如何把握却又是一个无法解决的问题，因而这种思路实际上是无济于事的。本书认为，要解决这一问题，必须遵循马克思主义哲学认识事物的基本规律——透过现象把握本质。认识事物不能停留在现象层面而是需要抓住其本质，然而本质深藏于现象的背后，抛开现象在本质中寻找本质永远摸不清楚什么是本质。黑格尔曾有一段经典的论述："存在是直接的东西，因为知识要想认识什么是自在的和自为的真理，所以，它

---

〔1〕 参见陈兴良：《刑法哲学》（修订3版），中国政法大学出版社2004年版，第134页。

〔2〕 冯亚东：《理性主义与刑法模式》，中国政法大学出版社1999年版，第10页。转引自廖瑜：《论犯罪情节》，西南政法大学2009年博士学位论文，第18页。

并不停留在直接的东西及其各种规定，却透过直接的东西深入到里面去，认为在这个存在的背后还有同存在不一样的某物，认定这个背后的某物构成存在的真理。”〔1〕列宁非常认可这一论断，认为它不仅说明了事物的本质与现象的区别，而且说明了人的认识从现象到本质的必要性和过程性。认识犯罪的本质同样如此，倘若就犯罪的本质论其本质，就是把犯罪碾碎也不可能找到其本质，〔2〕正确的出路是回到犯罪的表象，透过表象看本质。从形式上看，犯罪是违反《刑法》的行为，什么是《刑法》呢？区分《刑法》与其他法律规范的标准显然只有一个，那就是看这个法律是否规定了刑罚这种特有的制裁方式，是故刑罚是区别《刑法》与非《刑法》、罪与非罪的唯一标志。而刑罚又是什么呢？从实质上讲，刑罚是一种社会关系，它说明的是，国家动用了和平时期的全部暴力——公安、检察、法院、监狱、武警，来剥夺一个公民最基本的人权——生命、自由、财产、政治权利。我们知道，现代国家存在的唯一理由与目的，只能是保护、丰富并不断发展公民的人权。公民人权最为可靠的保障手段就是法律，因而国家通过制定一系列法律制度并通过其有效运行来达到保障人权的目的。一般的民事违法行为（如违约）或者民事侵权行为往往不需要动用国家暴力，只有在当事人不能自行解决的时候才诉诸法院，而一般的行政违法行为（如

〔1〕《列宁全集》（第55卷），人民出版社1990年版，第106～107页。转引自张文显：《法哲学范畴研究》（修订版），中国政法大学出版社2001年版，第34页。

〔2〕参见张文显：《法哲学范畴研究》（修订版），中国政法大学出版社2001年版，第35页。

违反《治安管理处罚法》的行为或者违反工商管理有关法律法规的行为）也仅是由相关的行政部门处理，总之，至少没有动用国家在和平时期的全部暴力。这是因为一般的民事违法行为和行政违法行为损害的只是较小范围的公民权利或者作为全体公民权利代表的国家利益，因而，国家无须“大动干戈”。而针对犯罪行为，国家则是动用了和平时期的全部暴力。原因只能是犯罪行为侵犯了国家的基本法律制度而不只是公民个人的权利，并且如果不动用刑罚调整，国家某一方面的基本法律制度就将无法运行，全体公民的基本人权也将因此失去保障。从这个意义上讲，刑法是通过保护其他一切法律的有效运行来间接保护全体公民的基本人权。因此，刑法是调整公民个人的基本权利与国家法律制度之间的关系，或者说以调整个人基本人权与全体公民基本人权之间的关系为内容的法律规范。由于犯罪在形式上是违反刑法的行为，明白了刑法的内容也就清楚了犯罪的实质。如此一来，犯罪，从价值上讲，是对全体公民的基本人权的侵犯；从认定的技术上讲，是行为人对刑法所保护的价值（全体公民的基本人权）的对立意志；从发生的原因上讲，是行为人的人格中存在对刑法所保护价值（全体公民的基本人权）的敌视、蔑视、漠视的价值缺陷。以上三个方面是犯罪行为与一般违法行为最为根本的不同之处，犯罪社会危害性本质的独特之处也就在于此，详述如下：

第一，犯罪的社会危害性本质体现于客观危害。这是从价值的角度看犯罪的本质，说明犯罪是一种对社会有害的行为。客观危害是内容和形式的统一，在内容上是对全体公民基本人权的侵犯。在形式上表现在两个方面：一是已经对社会造成的实际侵害，二是可能对社会造成实际侵害的现实危险。我国《刑法》分则所规定的绝大多数犯罪，都是行为已经对社会造成了实际的侵害，如故意杀人罪、过失致人死亡罪、交通肇事罪等。但是可能对社会造成实际侵害的现实危险的行为同样不可忽视，如《刑法》总则规定的预备犯、未遂犯、中止犯等。形式是由内容决定的，因此犯罪行为的客观危害区别于一般违法行为的客观危害的不同之处在于：前者是其他法律不能有效调整的，并且如果不动用《刑法》调整，其他法律制度就会面临崩溃的危险。例如，故意的轻微伤害行为属于一般的违法行为，适用治安管理处罚法和民法就可以有效调整，而故意的轻伤害、重伤害乃至故意杀人的行为仅适用治安管理处罚法和民法并不能够有效调整，对于这些客观危害行为，如果不动用《刑法》进行调整，《治安管理处罚法》《民法典》等所确立的人身权利制度就会最终崩溃，全体公民的基本人权也将失去保障。〔1〕

第二，犯罪的社会危害性本质体现于主观恶性。这是从认定的技术角度看犯罪的本质。所谓主观恶性，即行为人对刑法所保护的价值（全体公民的基本人权）的对立意志。这种对立意志由两个方面的因素组成：首先，是对自己行为会对刑法所保护的价值造成损害的性质和后果存在（故意和有认识的过失）或者应当存在（无认识的过失）认识；其次，是希望、放任通过实施自己的行为来实现预期的后果（故意），或者并没有充分发挥自己的能力来预见

〔1〕 参见廖瑜：《论犯罪情节》，西南政法大学2009年博士学位论文，第20页。

和避免所预见的后果转变为现实(过失)。这两个方面有机统一、缺一不可,共同组成对立意志的内容,以说明犯罪行为所特有的主观恶性。主观恶性的这一特质既可以把实践中造成了实际的损害但又不应当受到刑罚处罚的行为排除在犯罪之外,避免了犯罪圈的不当扩大,同时能够把没有造成实际损害但确应受到刑罚处罚的行为纳入犯罪之内,以免犯罪圈的遗漏。前者包括两种情形:其一,不具有刑事责任能力的人实施的无论对社会造成多大损害的行为都不是犯罪。因为,不具有刑事责任能力的人不能真实地认识自己行为的性质,更谈不上对刑法所保护价值的对立意志,因而不具有犯罪所特有的主观恶性。其二,具备刑事责任能力的人实施的造成损害的某些行为也不能认为是犯罪,如意外事件、一般违约行为等。因为,意外事件不是在行为人对刑法所保护价值的对立意志支配下造成的,而是由不能抗拒或者不能预见的原因引起的。一般违约行为即使给合同对方造成再大的损失也不是犯罪,理由是违约方往往出于一般民众可以容忍的原因而违约,而且这种损失也是经济活动中所允许的正常风险,并不意味着违约方与刑法所保护价值的对立。后者是指预备犯、未遂犯、中止犯,这些情形虽然没有造成实际的损害,之所以被认定为犯罪,是因为倘若按照行为人主观恶性状态下形成的罪过内容完全展开,正常情况下是会合乎逻辑地发生行为人所追求的危害社会的结果的,只是由于特殊情况下出现了行为人意志内、外的原因而阻止了罪过的展开进程而未发生实际损害,因而这些情形具有造成实际损害的现实危险。

第三,犯罪的社会危害性本质体现于人格缺陷。这是从犯罪行为发生的原因角度看犯罪的本质。所谓人格缺陷,是指行为人的人格中存在对刑法所保护价值(全体公民的基本人权)的敌视、蔑视、漠视的价值缺陷。主观恶性在规范的范畴内突出表现为主观罪过,犯罪是在主观罪过的支配下实施的应受刑罚处罚的行为,而主观恶性正是由行为人人格中的这种价值缺陷导致的。只有能够归因于这种人格缺陷的危害社会的行为才是犯罪,否则就不能被认为是犯罪。例如,在被德日刑法理论视为期待可能性理论起源的经典案例"癖马案"中,马夫驾驶马车的行为在客观上给社会造成了损害,马夫在主观上也确实知道所驾驶的马有此怪癖可能会肇事伤人,严格从技术意义上讲,马夫也是有罪过的。但是造成的客观损害也好,主观罪过也好,并不能归因于马夫敌视、蔑视、漠视刑法所保护价值的人格缺陷,而是马夫的生存环境和其他社会条件的压抑,决定了马夫不可能按法律的要求抑制自己客观上造成损害的行为,所以不具有可非难性,不能认定马夫的行为为犯罪。但是,需要说明的是,并不能反过来认为只要有人格缺陷就成立犯罪。仅有人格缺陷是不足以成立犯罪的,必须是因人格缺陷导致主观恶性,并在主观恶性的支配下实施了具有客观危害的行为才是犯罪,[1]否则就是处罚思想。

对于犯罪社会危害性本质的以上三个方面并不能完全割裂地看待,而是"你中有我、我中有你"地有机联系在一起,三者必须同

[1] 参见廖瑜:《论犯罪情节》,西南政法大学2009年博士学位论文,第21页。

时具备、共同展现出犯罪行为社会危害性的独特内涵。社会危害性的内涵只有进行这样的界定才能真正作为犯罪的本质，将犯罪行为与一般违法行为、单纯违反道德的行为区别开来。

（二）酌定情节的本质

在本部分开头已经提到，犯罪总是体现为具体的情节，犯罪是情节的集合，其中的情节自然包括酌定情节。犯罪是整体而酌定情节是部分，整体由部分组成，部分是整体的具体化。整体的本质必然影响部分的本质，部分的本质一定会指向整体的本质。既然清楚了犯罪的本质是由客观危害、主观恶性和人格缺陷有机组成的社会危害性，那么酌定情节的本质肯定与此紧密相关。但是并不能因此直接认为酌定情节的本质就是社会危害性，因为犯罪的社会危害性在于对所有的情节整体评价后展现出来的本质，这显然不是单个的酌定情节所能做到的，而单个酌定情节只能是指向犯罪的这一本质。根据哲学上质量互变的基本原理，犯罪的社会危害性本质是质和量的统一，但是犯罪社会危害性的质并不是从天而降的，而是由量变积累到一定程度发生质变转化而来的，酌定情节正是这种质量互变过程中量的积累因素。换句话说，是社会危害性发生质变过程中程度的体现。所以，酌定情节的本质应该是体现行为的社会危害性程度，具体言之，就是酌定情节能够说明客观危害的程度、主观恶性的程度或者人格缺陷的程度从而体现行为的社会危害性程度。抓住了这一本质就能够将酌定情节与不具有刑事实体法意义的事实从根本上区别开来，只有能够体现行为的社会危害性程度的事实(如动机、目的、手段、结果等)才可能是酌定情节,不能体现行为的社会危害性程度的事实(如行为人在现场留下的脚印、行为人的血型等)不是酌定情节。

三、酌定情节概念的本书界定

掌握了下定义的正确方法,抓住了酌定情节的本质,厘清了酌定情节概念的相关问题,就可以给酌定情节下定义了。按照上文所讲的逻辑学中真实定义的界定方法,似乎可以将酌定情节定义为:能够体现行为的社会危害性程度从而影响定罪量刑的事实。但是这样定义显然还有一个问题没有解决,就是酌定情节如何与法定情节相区别。因为法定情节与酌定情节同属于情节的范畴,是同一个层面上的两个概念,其本质同样是能够体现行为的社会危害性大小,其与酌定情节的唯一区别就是在内容和功能上存在相对具体的法律规定,而酌定情节在内容和功能上并没有详细具体的法律规定。因而,有必要在定义中加入酌定情节的这一特征以区别于法定情节。鉴于此,酌定情节的概念最终应该界定为:法律没有具体规定,但能够体现行为的社会危害性程度从而影响定罪量刑的事实。

四、酌定情节的基本特征

特征是一事物在不同方面展现出来的相异于他事物的特别之

处，就酌定情节基本特征的分析有助于深化对酌定情节的认识。上文对酌定情节概念的界定表明，酌定情节具体包括以下几个方面的基本特征。

（一）从形式上考察，酌定情节具有酌定和法定的兼容性

酌定情节既具有酌定性也具有法定性。所谓酌定性，是指酌定情节的具体内容和功能以及影响定罪量刑的作用力大小在法律中没有明确具体的规定，需要司法机关在实践中根据案件具体情况灵活掌握、具体适用。所谓法定性，是就酌定情节的法律依据而言的，如前文所述，酌定情节的存在并非没有法律的规定，从《刑法》总则到分则都有有关情节的概括性规定，并且《刑法》中概括规定情节的条款还为数不少，有学者统计，“情节”一词在我国现行《刑法》中共出现 290 次以上。[1]酌定情节包含在这些概括性的情节规定当中，从这个意义上讲，酌定情节又具有法定性。有学者在给酌定情节下定义时认为酌定情节“不是法律明文规定的”情节，正是对酌定情节法定性的忽视导致的。

（二）从本质上考察，酌定情节能够体现行为的社会危害性程度

能够体现行为的社会危害性程度，是酌定情节区别于不具有刑事实体法意义的案件事实的本质属性，是酌定情节作为一个刑法理论概念独立存在的品质所在，也是其影响定罪量刑的根本原

---

〔1〕 参见高维俭：《罪刑辨证及其知识拓展》，法律出版社 2010 年版，第 114 页。

因。酌定情节的遴选、适用等一切相关问题最终都要归结到这一本质属性上来。把握不好这一本质属性，就有可能在理论和实践中产生偏差，例如，在给酌定情节下定义时就会认为酌定情节是“法定情节以外的情节”，因而忽视了酌定情节的独立品格，或者认为酌定情节是“从审判实践中总结出来”的情节，从而把司法实践中的常见酌定情节以偏概全为酌定情节；又如，提取酌定情节时可能将只具有刑事证据意义的事实认定为酌定情节；再如，在遇到法定情节与酌定情节同时存在时，可能错误地认为要优先适用法定情节，轻视甚至忽视酌定情节在定罪量刑中的作用。

（三）从功能上考察，酌定情节能够影响定罪量刑

这一功能是由上述酌定情节的本质属性决定的。犯罪的本质是行为的社会危害性，定罪量刑是对具有社会危害性行为的否定性评价，只有将体现行为社会危害性的所有因素纳入评价范围，才能够做到正确定性、罚当其罪。酌定情节作为能够体现行为社会危害性的重要因素，理应对定罪量刑产生影响。酌定情节影响量刑无论是在理论界还是在实践中都已经达成共识，而酌定情节能够影响定罪可能会受到一些学者的质疑。本书认为，酌定情节影响定罪具有充分的法律根据。我国《刑法》总则第 13 条的规定被公认为犯罪的法定概念，根据该条但书的规定，成立犯罪的行为必须是情节不显著轻微。另外，《刑法》分则规定的许多犯罪都以“情节严重”或者“情节恶劣”等作为犯罪成立的必备条件，那么判断情节是不是显著轻微，或者情节是不是严重或恶劣，自然不能

忽视酌定情节。关于此问题本书第六章将展开专门论述，此处点到为止。理论中还有一种观点认为酌定情节同样会影响行刑，理由是“减刑、假释和缓刑等制度的具体适用必须考虑行为人犯罪的时候所造成的实际社会危害性以及行为人的人身危险性问题，而这两个方面的问题又必须通过具体的犯罪情节来反映”〔1〕。本书认为，这种观点的论据是成立的，减刑、假释和缓刑的裁量确实要考虑具体的情节，但是在本书看来，减刑、假释和缓刑的适用是关于刑罚是否实际执行以及刑期执行多少的问题，实际上仍然是刑罚裁量即量刑的范畴，因而，酌定情节对刑罚执行的影响同样是其影响量刑的表现。

第三节 酌定情节相关概念辨析

一、酌定情节与法定情节

酌定情节与法定情节是刑法学界基本上一致认可的情节分类，本书亦赞同此种分类。但是，多数学者认为，由于法定情节是法律明文规定的量刑情节，而酌定情节于法律中并没有明文规定，所以只是量刑时酌情适用的情节，两者同时存在时要优先适用法定情节。对此种观点本书不完全赞同，因此有必要就两者的关系重新梳理。

---

〔1〕 李翔：《情节犯研究》，上海交通大学出版社 2006 年版，第 7 页。

（一）法定情节概念的重新认识

在研究两者关系之前需要先重新认识一下法定情节。正如前文在论述酌定情节的定义时介绍的一样，学界对法定情节的界定同样是限定在量刑的范畴内，认为法定情节是量刑情节的一种，是法律明文规定的量刑时必须考虑的情节。这从学界对法定情节的概念界定中就可以看出，例如，有学者认为，法定量刑情节是指法律明文规定的、量刑时必须考虑的各种情节。它既包括依照《刑法》总则规定对各种犯罪共同适用的情节，也包括依照《刑法》分则规定，对特定犯罪单独适用的情节，还包括全国人大常委会有关决定、补充规定中规定的适用于特定犯罪的情节。〔1〕有学者认为，法定情节是指法律明文规定的，量刑时必须予以考虑的各种情节。包括《刑法》总则中对各种犯罪共同适用的情节和规定在《刑法》分则中的仅对特定犯罪适用的情节。〔2〕还有学者则直接认为，法定情节是法定量刑情节的简称，包括《刑法》总则规定的情节与《刑法》分则规定的情节。〔3〕法定情节是影响量刑的重要因素，这是学界一致认可的观点，本书当然也赞同，但是在本书看来，法定情节同样可以影响罪与非罪的认定。理由是：法定情节在本质上与酌定情节一样，是行为的社会危害性程度的反映，正是由于法定情节的这一本质，它才能够影响量刑，这应该不会有人反对。然而，罪

〔1〕 参见马克昌主编：《犯罪通论》，武汉大学出版社1999年版，第331页。

〔2〕 参见陈忠林主编：《刑法总论》，高等教育出版社2007年版，第271页。

〔3〕 参见张明楷：《刑法学》（第2版），法律出版社2003年版，第256页。

与非罪的认定在本质上同样是对行为社会危害性的考察，从理论上讲，当行为的社会危害性达到了值得科处刑罚程度的时候，就应当将其认定为犯罪，而法定情节作为行为社会危害性程度的说明因素，理应是认定罪与非罪的考察对象，否则对行为社会危害性的评价肯定不全面，得出的结论也是不可靠的。事实上，司法实践中对法定情节影响定罪的功能也持肯定态度。例如，未成年人是我国《刑法》总则明确规定的法定情节，然而 2006 年发布的最高人民法院《关于审理未成年人刑事案件具体应用法律若干问题的解释》第 6 条规定："已满十四周岁不满十六周岁的人偶尔与幼女发生性行为，情节轻微、未造成严重后果的，不认为是犯罪。"除此之外，又如，又聋又哑的人或者盲人、从犯、胁从犯以及未遂犯、中止犯等都是传统理论中所谓的"法定量刑情节"，但上述解释第 9 条第 1 款规定："已满十六周岁不满十八周岁的人实施盗窃行为未超过三次，盗窃数额虽已达到'数额较大'标准，但案发后能如实供述全部盗窃事实并积极退赃，且具有下列情形之一的，可以认定为'情节显著轻微危害不大'，不认为是犯罪：(一)系又聋又哑的人或者盲人；(二)在共同盗窃中起次要或者辅助作用，或者被胁迫；(三)具有其他轻微情节的。"该条第 2 款又规定："已满十六周岁不满十八周岁的人盗窃未遂或者中止的，可不认为是犯罪。"由此可见，刑法学界传统观点中所谓的"法定量刑情节"同样会影响定罪，而不仅限于在量刑中发挥作用，传统认识只将法定情节作为量刑情节看待是不全面的。

鉴于此，本书认为，所谓法定情节，是指法律具体规定的，能够体现行为的社会危害性程度从而影响定罪量刑的事实。

(二)酌定情节与法定情节的联系

1. 酌定情节与法定情节的本质相同

酌定情节与法定情节同属于刑法中情节的范畴,相对于对定罪量刑不具有刑事实体法意义的案件事实而言,两者在本质上是一致的,即都是能够体现行为的社会危害性程度的事实。这一本质是决定酌定情节和法定情节在刑法理论中具有独立品格,以及在定罪量刑中发挥作用的根本。关于酌定情节的社会危害性本质上文已作详细论述,法定情节的本质同样也在于此,如自首这一法定情节,之所以具备了自首情节可以从宽处罚,是因为一般而言自首行为意味着行为人主观上与刑法所保护价值的对立意志减弱,对刑法所保护价值的敌视、蔑视、漠视的态度不是很强,因而总体上体现出行为的社会危害性程度不高。相反,对于累犯(这里以一般累犯为例,特别累犯也是一样道理),由于行为人曾因故意犯罪被判处有期徒刑以上刑罚,按理说经历了侦查、起诉、审判和刑罚的执行过程的教育改造,其对刑法所保护价值的认识应该更为深刻,守法意识应该更强,然而其却在刑罚执行完毕或者赦免以后 5 年以内又犯应当判处有期徒刑以上刑罚之罪,只能说明其主观上对刑法所保护价值的对立意志强,人格上敌视、蔑视全体公民基本人权的价值缺陷较之于一般的犯罪人而言更为强烈,所以应当从重处罚。酌定情节与法定情节在本质上的一致性说明两者在定罪量刑中的地位平等,在适用时没有优劣之分,在影响力大小上也未必一定是法定情节作用更大，孰大孰小要依据体现出的社会危害性程度的高低具体确定。例如，行为人一贯为非作歹、逞强好胜，因琐事发生争执就采用极其残忍的手段将与其素不相识的对方杀害并为了掩盖罪行而分尸，后因走投无路主动投案自首。虽然具有自首这一法定从宽情节，但是行为人一贯表现很差、杀人手段残忍、杀人后又分尸等酌定情节说明其社会危害性程度极大，在量刑中自首的从宽功能未必就能凸显出来。

2. 法定情节发挥作用离不开酌定情节的补充

根据《刑法》总则和分则的规定，法定情节在刑罚裁量中的功能有从重处罚、加重处罚（即提升法定刑幅度）、从轻处罚、减轻处罚、免除处罚，其中从轻、减轻和免除处罚往往存在交叉重叠并且又存在“可以”和“应当”两种类型。那么，当从轻、减轻、免除处罚并存时究竟选择哪一种方式，当立法采用“可以”措辞时到底是可以还是不可以，从轻轻到什么程度，减轻减到多大的幅度，从重重到什么程度，加重在相应法定刑幅度内具体判处何种刑罚？这一系列问题，单靠法定情节自身是解决不了的，只有结合酌定情节才能最终确定。这里以累犯这一法定情节为例简单加以说明：某人因犯故意伤害罪被判处 3 年有期徒刑，刑罚执行完毕后 5 年内又因盗窃数额巨大的财物而案发，并被认定为累犯，应当从重处罚，至于应当从重到什么程度，在没有其他法定情节存在的情况下，最终就需要依据酌定情节而定。如果该人刑满释放后游手好闲，为了挥霍享乐而盗窃，或者盗窃的是残疾人、孤寡老人或者丧失劳动能力人的财物，则从重的幅度往往要大；如果其是因生活所迫而盗窃，或者盗窃的是家庭成员的财物或近亲属的财物，则从重的幅度一般要小。上述其他情形中，酌定情节的作用原理与此类似，不再一一说明。至于为什么法定情节发挥作用需要酌定情节的补充，李洁教授曾有过一段精辟的论述可以很好地回答这一问题："法定情节是法律规定的情节，由法律规定的特点，决定了法定情节具有类型性的特点，类型性就不可能是具体的情况本身，而是具体情况的抽象，在这种抽象的过程中，不得不舍弃了具体事实中的具体情况，只保留了所有该类情况的共性的内容。法定情节的这种法定性的特点，就决定了它只能决定量刑的基本方向，而不能决定量刑的具体刑度，在这个具体的量刑的方向上，裁量何种具体的刑罚，还需要酌定情节予以补充和具体化。"〔1〕

3. 酌定情节与法定情节在立法过程中可以相互转化

酌定情节与法定情节的界分并非一成不变，从立法发展过程来看，两者可以相互转化，表现在两个方面：其一，曾经的酌定情节在条件成熟时，可以明确纳入法律的具体规定成为法定情节。例如，"坦白"在司法实践中一直作为酌定从宽情节适用，而《刑法修正案（八）》明确将其纳入《刑法》第 67 条作为法定从宽情节，该条第 3 款规定："犯罪嫌疑人虽不具有前两款规定的自首情节，但是如实供述自己罪行的，可以从轻处罚；因其如实供述自己罪行，避免特别严重后果发生的，可以减轻处罚。"其二，曾经的

〔1〕 李洁：《定罪量刑情节若干问题研究》，载《北华大学学报（社会科学版）》2001年第1期。

法定情节由于造成适用中的教条僵化等原因，可以被删除出《刑法》条文的具体规定转变为酌定情节。例如，《刑法修正案（八）》颁布之前《刑法》第264条盗窃罪规定了两个加重处罚的法定情节，即“盗窃金融机构，数额特别巨大”和“盗窃珍贵文物，情节严重”，但《刑法修正案（八）》将这两种情节都予以删除。然而，实践中“盗窃金融机构”和“盗窃珍贵文物”作为特殊的犯罪对象肯定还会影响定罪和量刑，因而，虽然《刑法修正案（八）》取消了该规定，但并不意味着定罪量刑时就不再对之予以考虑，而是为了避免挂一漏万或者教条束缚，将其作为酌定情节以便于更加灵活地适用。

（三）酌定情节与法定情节的区别

法定情节是法律具体规定情节，具有法定性的特征，而如上文在分析酌定情节的特点时所述，酌定情节同样具有法定性，但是两者在法定的程度上存在不同：法定情节是法律就其内容和功能都作出了比较具体的规定；而对于酌定情节法律只是概括性地规定，并没有具体规定其内容和功能。换句话说，法定情节是法律具体规定的情节，而酌定情节是法律没有具体规定只是概括规定的情节。这是酌定情节与法定情节相区别的唯一标志。具体又可以从以下两个方面说明：

第一，酌定情节的内容不确定，而法定情节的内容确定。酌定情节的内容不确定是由客观现实所决定的，因为现实中发生的犯罪形形色色，各不相同，而“客观上的事物比用来描述他们的词语要多得多”，[1]所以立法不可能把所有的情节都具体规定下来，如果教条式的统一规定必然造成立法的漏洞，导致不公正的现象发生。因此，立法只能是选择性地将实践中经常发生的、具有一定程度的规律性和稳定性的情节作为法定情节具体规定下来，对于其他情节只能作为酌定情节交给司法人员在实践中具体认定和把握适用。

第二，酌定情节的功能相对不确定，而法定情节的功能则相对确定。如前文所述，酌定情节在功能上能够影响定罪和量刑，这一点是可以确定的，然而，就影响定罪而言，酌定情节是指向出罪还是指向入罪，就影响量刑而言，酌定情节是指向从宽还是指向从严，却又都是无法事先抽象确定的，因而酌定情节功能是不确定的。酌定情节的功能之所以不能确定，是因为其内容事先不确定，一旦具体个案中确定了酌定情节的内容，其功能当然也就确定了。例如，我们通常说的动机也只是抽象而言，仅看“动机”一词无法确定是从宽还是从严，必须结合实际案情而定，具体考察是良性动机还是恶性动机，如果是良好的动机当然要从宽，倘若是恶性动机自然是从严。所以，说酌定情节的功能不确定也是在抽象意义上相对而言的。而法定情节在量刑中的功能是确定的，例如，根据《刑法》第 65 条的规定，累犯应当从重处罚；根据《刑法》第 24 条的规定，没有造成损害的中止犯应当免除处罚，造成损害的中止犯应当减轻处罚。当然，法定情节功能的确定性也是相对而言

---

〔1〕［美］E. 博登海默：《法理学——法哲学及其方法》，邓正来等译，华夏出版社 1987 年版，第 464 页。

的，这是因为，一方面，我国《刑法》规定的多数法定情节在影响量刑的功能上都只是指向性或者选择性的，如根据《刑法》第 23 条第 2 款的规定，“对于未遂犯，可以比照既遂犯从轻或者减轻处罚”，实践中究竟是选择从轻处罚还是选择减轻处罚，如果选择了从轻处罚要轻到什么程度，则是需要根据具体案情酌情确定的；另一方面，我国《刑法》对所有法定情节功能的明确规定都只是就量刑而言的，但是如上文所述，法定情节同样能够影响定罪，然而法定情节究竟能在多大程度上影响定罪，法律却只字未提，还是需要根据具体案情酌情确定。从这个意义上讲，法定情节同样具有酌定性。

（四）小结

通过以上对酌定情节与法定情节关系的阐述不难发现，酌定情节与法定情节的划分具有相对性。酌定情节在存在依据上同样具有法定性，法定情节在具体适用上依然具有酌定性。从立法发展的角度讲，两者甚至还可以相互转化，曾经的酌定情节在条件成熟时可以法定化为法定情节，曾经的法定情节在问题较多时可能转变为酌定情节。

二、酌定情节与犯罪构成要件

由于本书认为，酌定情节除了影响量刑外，还能够影响定罪，因而有必要就酌定情节与作为犯罪成立的必要条件之犯罪构成要件的关系进行阐述。

如上文所述，传统刑法理论基本上都是把酌定情节视为量刑情节的一种类型，是影响量刑的因素之一，与定罪无关，因而目前学界并没有专门论及也没有必要研究酌定情节与犯罪构成要件的关系，但是有关情节与犯罪构成要件的关系问题在研究情节的相关论著中几乎不可避免。又因为传统认识依据情节的不同功能将其分为决定罪与非罪的定罪情节和决定刑罚轻重的量刑情节，所以一谈到情节与犯罪构成要件的关系，一般都是指定罪情节与犯罪构成要件的关系。详言之，主要存在以下几种代表性的观点：

第一种观点认为，犯罪构成要件是定罪情节的类型化、抽象化，“作为犯罪构成的各个要件都是由情节因素经过类型化、抽象化而成的，在这一过程中，所有的犯罪情节（严格来说应为定罪情节）都共同参与了这一过程，然而它们并不是作为一个整体参与的，每一情节因素都以个体的形式，根据其各自的特征归于某一个类属之中，这些因素最终归纳为四类，即类型化，在此基础上，再对其抽象化，最后形成犯罪构成的四个要件。而犯罪构成要件就是定罪的唯一依据，从这个角度来说，犯罪构成要件中的情节因素也就是定罪情节”〔1〕。

第二种观点认为，定罪情节与犯罪构成具有一致性，“犯罪构成是犯罪的成立条件，定罪情节是决定犯罪成立的事实，因而可以认为，定罪情节就是犯罪构成事实。当然，定罪情节与犯罪构成仍

〔1〕 颜河清：《刑法中的“情节”剖析》，载《江西社会科学》2005年第4期。

然有一定的区别，作为犯罪构成，它的存在离不开犯罪事实，但犯罪构成又不是哪一个事实所能代表的，它是事实的整体，注重的是各种事实整合所形成的整体性，而作为定罪的情节，则注重的是事实的具体性，是各种具体的情节，离开了犯罪构成事实，离开了定罪情节，也就没有犯罪构成”〔1〕。

第三种观点认为，定罪情节是犯罪构成的共同要件，并且具有相对独立性，是犯罪构成的其他四个共同要件所容纳不了的。定罪情节作为犯罪构成的共同要件还具有等级之分：在一般情况下，认定某种行为是否构成犯罪，必须考虑情节是否在“显著轻微危害不大”的等级之上；在特殊情况下，认定某种行为是否构成犯罪，则必须考虑情节是否严重或者情节是否恶劣。〔2〕

第四种观点认为，定罪情节不是犯罪构成的一个要件，只能作为衡量犯罪构成某个方面的或者全面的危害程度大小的一个标志，属于立法的提示性规定，用于引起司法人员办案时的重视。〔3〕与之类似的观点认为，定罪情节是某种行为具备犯罪构成的依据之一，是犯罪构成要件的事实，但不能作为犯罪构成的一个要件。因为某种犯罪构成是对所有该犯罪的法律抽象，情节只能是案件

〔1〕 李洁：《定罪量刑情节若干问题研究》，载《北华大学学报（社会科学版）》2001年第1期。

〔2〕 参见钱毅：《试论情节也是犯罪构成的共同要件》，载《中南政法学院学报》1986年第4期。转引自陈兴良主编：《刑事司法研究——情节·判例·解释·裁量》，中国方正出版社1996年版，第40～41页。

〔3〕 参见高铭暄主编：《中国刑法学》，中国人民大学出版社1989年版，第83页。转引自陈兴良主编：《刑事司法研究——情节·判例·解释·裁量》，中国方正出版社1996年版，第41页。

事实的表现，犯罪构成要件和某个案件的事实是不能等同的。[1]

第五种观点认为，定罪情节不是所有犯罪的犯罪构成共同要件，即它不是一切犯罪成立的必备要件，但在某些具体犯罪中，行为必须要具有某些情节才能构成犯罪，这些情节就是这些具体犯罪的犯罪构成内容。[2]

对于以上观点，首先需要强调的是本书不赞同所谓定罪情节与量刑情节的划分，因而定罪情节这个概念也没有存在的必要，但是上述有关定罪情节与犯罪构成关系的争论并非毫无意义，本书认为，这只是概念的使用差别，上述争论实质上还是围绕情节在定罪环节与同样对罪的认定具有决定意义的犯罪构成的关系问题展开的。而且酌定情节与情节在本质上具有一致性，都是行为社会危害性程度的反映，只是情节是整体，酌定情节是情节的一种类型，是情节的局部，作为局部的酌定情节和作为整体的情节，与犯罪构成要件的关系是相通的。摸清了情节与犯罪构成要件的关系，也就明白了酌定情节与犯罪构成要件的关系。所以上述讨论仍具有分析的价值。其次，上述各观点反映了一个共同的问题，就是对情节和犯罪构成要件都缺乏最基本的理解。本书认为：

第一，犯罪构成要件是体现各种具体犯罪特殊本质的法律结构，[3]具体的犯罪构成要件是《刑法》分则规定的各种具体犯罪的

---

〔1〕 参见赵炳寿主编，向朝阳副主编：《刑法若干理论问题研究》，四川大学出版社 1992 年版，第 348～352 页。转引自陈兴良主编：《刑事司法研究——情节·判例·解释·裁量》，中国方正出版社 1996 年版，第 41 页。

〔2〕 参见王充：《定罪情节若干问题研究》，载《法学评论》2000 年第 6 期。

〔3〕 参见陈忠林：《刑法散得集》，法律出版社 2003 年版，第 239 页。

特征。就立法过程而言，犯罪构成是对相应的无数犯罪现象的直接归纳总结，并不需要通过情节作为中介。上述第一种观点认为犯罪构成要件是定罪情节的类型化、抽象化，第二种观点认为离开了定罪情节也就没有犯罪构成，都是由于对此缺乏基本认识所致。此外，第二种观点将酌定情节与犯罪构成相比较，严格来讲是不成立的，因为犯罪构成与酌定情节不是一个层次的概念，犯罪构成是抽象法律结构的总和，酌定情节是相对具体的事实，两者不具有可比性，只有犯罪构成要件才是与酌定情节基本属于同一层次的概念。

第二，情节是能够体现行为社会危害性程度从而影响定罪量刑的事实，它是对行为具体情状的直接说明，不需要借助犯罪构成要件作为中介，因而第四种观点把情节作为衡量犯罪构成要件某个方面的或者全面的危害程度大小的一个标志是错误的。

第三，情节是反映行为社会危害性大小的相对具体的事实，是考察行为社会危害性大小的评价对象，与《刑法》规定的作为评价标准的情节要求不同，犯罪构成要件是犯罪成立的法定评价标准，上述第三种、第五种观点无论是将情节作为犯罪构成的共同要件，还是某些具体犯罪的构成要件，都是对评价对象和评价标准的混同。

第四，与作为评价对象的情节相对应的评价标准是法定的情节要求，那么法定的情节要求与犯罪构成要件又是什么关系呢？站在犯罪成立的条件角度论，本书认为，犯罪构成要件决定此罪与彼罪的性质，法定的情节要求在此基础上进一步说明行为的社会危害性程度，其中法定的情节要求以行为符合犯罪构成为前提，但又独立于犯罪构成要件，两者都是犯罪成立的必要条件，共同决定犯罪成立与否。关于此问题，在本书第六章将展开详细论述。

第五，上述第二种观点和第四种观点还提出犯罪构成事实、犯罪构成要件的事实，并认为情节就是犯罪构成事实或者是犯罪构成要件的事实。本书认为，严格来讲，“犯罪构成事实”和“犯罪构成要件的事实”这两个概念都是不成立的，因为“事实”意味着现实中必定有对应的存在，然而“犯罪构成事实”或者“犯罪构成要件的事实”在现实中都不具有对应的存在物，以犯罪主体要件的刑事责任年龄为例，《刑法》要求一般情况下是年满 16 周岁，但是“年满 16 周岁”不是一种具体存在，现实中具体存在的只有诸如 16 周岁零 1 天、17 周岁、30 周岁、75 周岁等事实。我们知道，犯罪构成由四个方面的要件有机组合而成，每个方面的要件又包括若干要素，但并不存在犯罪构成事实，只有符合犯罪构成或者犯罪构成要件的事实，符合犯罪构成的事实或犯罪构成要件的事实实际上就是对定罪量刑具有刑事实体法意义的案件事实。然而，正如立法过程中犯罪构成要件是对犯罪现象的直接抽象，无须以情节为中介一样，案件事实符不符合犯罪构成要件也具有直接判断性，在事实与犯罪构成要件之间加个“情节”乃至“定罪情节”，先判断案件事实是否符合“定罪情节”，再考察符不符合犯罪构成要件的做法纯属“画蛇添足”。

那么，同样都是影响定罪的抽象因素，酌定情节与犯罪构成要件究竟有什么不同呢？本书认为，其区别主要在于两者抽象的对象、抽象的内容、抽象的特性和抽象的作用存在差异，详解如下：

首先，就抽象的对象而言，犯罪构成要件是对犯罪成立条件的法律规定的抽象，虽然立法关于犯罪成立条件的规定是对无数犯罪现象的归纳总结，但是作为司法中犯罪成立的理论总结，犯罪构成要件只能是对犯罪成立条件之法律规定的抽象；而酌定情节却是对犯罪事实的抽象。

其次，就抽象的内容而言，犯罪构成要件是对同种犯罪的共性和异种犯罪个性的抽象；而酌定情节是对同种犯罪的个性和异种犯罪的共性的抽象。犯罪构成要件是《刑法》分则规定的各种具体犯罪的共同特征，每种犯罪构成要件说明该种犯罪的特点。因而，各种犯罪构成要件是在宏观类罪的层次上对法律规定的抽象，它抽象的结果，一方面，说明的是各种犯罪之间的不同特点，即不同犯罪类型的个性或者特殊性，如故意杀人罪的犯罪构成要件是反映故意杀人罪这一类罪的个性特征，使其不同于故意伤害罪、抢劫罪等；另一方面，是说明该种犯罪类型不同个案的共同特征，如所有构成故意杀人罪（以既遂为例）的案件，主体都是年满 14 周岁且精神正常的自然人，主观方面都具有明知自己的行为会发生致人死亡的结果，并且希望或者放任这种结果发生的罪过形式，客观上都实施了非法剥夺他人生命的行为，客体都是人活着的状态。酌定情节是对同种类型犯罪具体个案的个性特征的抽象，反映的是具体个罪的特点。因而，相对于犯罪构成要件而言，酌定情节是在微观个罪的层次上对犯罪事实的抽象，是具体个罪特殊性的体现。它抽象的结果说明的是同种类罪之下具体个罪之间的不同特点。例如，同样是故意杀人罪，都符合故意杀人罪的犯罪构成要件，不同的酌定情节能反映不同杀人行为的个性特征，有恶意报复的杀人，有大义灭亲的杀人，有采用极其残忍的手段杀人，也有手段相对平和的杀人，都是反映个案差异的酌定情节。但换个角度来讲，酌定情节又是所有犯罪的共同因素，这是因为同样一个酌定情节可能存在于完全不同的犯罪类型中。

再次，就抽象的特征而言，犯罪构成要件是对某种犯罪特殊本质的理性认识，酌定情节是对影响犯罪社会危害性程度的感性认识。犯罪构成要件由于其法律结构性特质，所体现的都是抽象事实（例如，作为盗窃罪主体要件要素之一的已满 16 周岁就是抽象事实，而不是具体事实），具有内在、非直观性的特点，它所代表的是同种类型犯罪的共同本质，在认识论上属于理性认识的范畴。而酌定情节则是相对具体的事实，之所以说是相对具体，是因为酌定情节内部还存在许多甚至无法穷尽的更为具体的细节，例如，在《刑法修正案（八）》实施之前，“入户盗窃”是《刑法》第 264 条盗窃罪的酌定情节之一，但现实案件中“入户盗窃”可能还存在很多具体情形，可能是破门而入，可能是偷拿主人钥匙开门而入，还可能是趁主人出门忘了锁门乘虚而入，等等，无论采取什么方式我们都将其归纳为“入户盗窃”这个酌定情节，所以酌定情节之具体是相对的具体，而不是绝对的具体。即便如此，较之于犯罪构成要件而言，酌定情节明显具有外在、直观的特点，它代表的是同种个罪展现于外的个性特征，相比来说，属于感性认识的范畴。

最后，就抽象的作用而言，每一个犯罪构成要件都是犯罪成立的必要条件，其目的是为犯罪成立提供类型性的统一评价标准，增强犯罪认定的司法可操作性，确保国民对自己行为性质和后果预测的可能性；而每一个酌定情节都可能是犯罪成立的非必要条件，其目的是为评价行为的社会危害性程度提供方法性的依据，为的是客观全面地考察犯罪，确保定罪准确、量刑适当。

由于犯罪构成要件和酌定情节的上述差异，两者在认定犯罪的过程中各自发挥着不同的作用。犯罪构成要件主要决定犯罪行为的性质，即构成此罪还是构成彼罪；酌定情节则主要在行为符合某犯罪构成的前提下，决定行为的社会危害大小进而决定构不构成犯罪。详细阐述请见本书第六章。

— 第二章 —

酌定情节的历史赓续

酌定情节的历史可以追溯到中国古代法律的发展过程，其核心思想是将法律的统一性和案件的个别性相结合，通过司法裁量来实现个案公正。中国古代法律，堪称东方文明史上的璀璨明珠，其历史积淀深厚，法律体系独特，司法实践丰富多彩，为世界法律文明的发展注入了不竭的智慧源泉。在这片广袤的法律天地里，“酌定情节”这一法制篇章尤为耀眼，它深刻体现了古代社会对于正义、公平与道德的不懈追求。尽管“酌定情节”在古代法律典籍中未有明文记载，但其精神实质早已在古代司法实践中生根发芽。其滥觞，实源于古人对法律适用灵活性的深切体悟。彼时社会纷扰复杂，法律条文难以尽述所有案情。故而，司法官在断案之时，须秉持一定之原则与精神，对案件进行深入剖析，以求裁决合乎正义与道德之要求。这份对法律灵活适用的执着与坚守，正是“酌定情节”得以孕育与发展的坚实基础。

一、中国古代法律中的酌定情节

（一）先秦时期

在先秦法律中，刑法酌定情节的思想已有体现。儒家强调“因情制宜”，即根据犯罪动机、后果和当事人的身份等作出裁定。《尚书》指出：“上刑适轻，下服，下刑适重，上服，轻重诸罚有权。刑罚世轻世重，惟齐非齐，有伦有要。”[1]《周礼》则提出了具体的实操方案：“一曰刑新国用轻典，二曰刑平国用中典，三曰刑乱国用重典。”[2]《尚书》与《周礼》的论述深刻揭示了我国古代刑法智慧的精髓。它们指出，刑罚的轻重并非一成不变，而应依据具体案情和社会背景灵活裁量。《尚书》强调，刑罚的适用须权衡各种因素，做到罚当其罪，既体现法律的威严，又不失公正与合理。《周礼》则进一步细化，提出在不同国家治理状态下，刑罚应有轻重之别，新国宜轻、平国宜中、乱国宜重，这一实操方案彰显了刑法适用的灵活性与针对性。简言之，两者均强调在刑罚裁决中应充分考虑酌定情节，结合具体情境作出既合法理又合情理的判决，体现了古代刑法的人文关怀与时代智慧。

先秦时期还有关于惯犯、偶犯，以及自然灾害引起犯罪的酌定情节考量。《尚书》有云：“人有小罪，非眚，乃惟终，自作不典，式

〔1〕（清）孙星衍撰，陈抗、盛冬铃点校：《尚书今古文注疏》，中华书局 2004 年版，第 537～538 页。

〔2〕（清）孙诒让撰，汪少华点校：《周礼正义》，中华书局 2015 年版，第 3304 页。

尔，有厥罪小，乃不可不杀。乃有大罪，非终，乃惟眚灾，适尔，既道极厥辜，时乃不可杀。”〔1〕这段文字揭示了我国古代刑法在裁决时对于罪行性质的细致考量。它指出，对于那些犯有小罪却非偶然失误，而是持续作恶、自甘堕落之人，即便罪行看似轻微，但因其恶性不改，法律认为不可宽恕，必须严惩不贷。相反，对于那些犯下大罪却出于偶然或灾祸，且事后能真诚悔过、承担罪责的人，法律则展现出宽容的一面，认为他们虽犯大错，但情有可原，不应轻易判处死刑。这种裁决思路体现了刑罚在适用中的灵活性与公正性，酌定情节在此起到了关键性的平衡作用。

此外，《周礼·小司寇》还规定了“五听制度”，即“以五声听狱讼，求民情：一曰辞听，二曰色听，三曰气听，四曰耳听，五曰目听”。〔2〕这里要求司法官在审理案件时须综合考虑行为人的悔罪表现、行为动机等。它强调，在审判过程中，司法官须综合观察被告人的言辞、表情、气息、听觉反应及眼神五个方面，以深入理解其内心真实情况，从而作出更为公正合理的判决。这一制度不仅体现了对被告人个体差异的尊重，更彰显了刑罚裁决中酌定情节的重要性。通过全面考量被告人的言行举止，司法官能够更准确地把握案情，确保刑罚的适用既合法理又合人情。

《左传》中提到了“宽猛相济”，强调在司法裁决中应结合案件具体情况，孔子指出：“善哉！政宽则民慢，慢则纠之以猛；猛则民

〔1〕（清）孙星衍撰，陈抗、盛冬铃点校：《尚书今古文注疏》，中华书局2004年版，第363页。

〔2〕（清）孙诒让撰，汪少华点校：《周礼正义》，中华书局2015年版，第3338～3339页。

残，残则施之以宽。宽以济猛，猛以济宽，政是以和。”[1]文中借孔子之言所阐述的治国理念，要求在法律裁判中，司法官须依据法律规定和案件的具体情况、社会影响及道德伦理，灵活掌握裁判尺度，既不过于严苛，也不失之宽纵，以达到法律效果与社会效果的和谐统一。

《礼记·王制》还提醒司法官应注意行为人的犯罪对象，如果案件涉及伦理的，属于社会危害性较重的案件，应当加重处罚。所谓：“凡听五刑之讼，必原父子之亲，立君臣之义以权之；意论轻重之序，慎测浅深之量以别之。”[2]也就是说，对于涉及“五刑”判决的司法案件，审判过程中必须深刻考量父子间天然的情感纽带，明确界定君臣之间的道义规范，以此作为刑罚的重要参考。同时，须细致分析犯罪的具体情节，严谨地权衡刑罚的严厉程度，并深入探究罪行的轻重深浅，从而作出公正且差异化的刑罚裁决。这种综合考虑多种因素的裁判方式，深刻体现了司法裁决中对于人性伦理与社会秩序的考量。

在刑事责任的认定上，古人也有一定的考量，《礼记·曲礼》指出：“八十、九十曰耄，七年曰悼。悼与耄，虽有罪，不加刑焉。”[3]其中对老年人和未成年人犯罪的特殊宽宥，类似于现代刑法中的责任年龄规定，是酌定情节中对行为人身份和能力的考虑。同时，教唆、利用无刑事责任人员犯罪的，会被加重处罚。例如，《睡虎地

〔1〕（清）洪亮吉撰，李解民点校：《春秋左传诂》，中华书局1987年版，第747～748页。
〔2〕（清）阮元校刻，方向东点校：《十三经注疏》，中华书局2009年版，第2908页。
〔3〕（清）阮元校刻，方向东点校：《十三经注疏》，中华书局2009年版，第2666页。

秦墓竹简》记载:“甲谋遣乙盗杀人,受分十钱,问乙高未盈六尺,甲可(何)论?当磔。”[1]这反映了刑罚裁量时对手段及行为对象等因素的权衡,也是酌定情节中对于犯罪情节严重性的评估。

(二)汉唐时期

汉唐法律体系中,法律规定逐渐精细化,但仍允许在特定情况下考虑案件的具体情节。董仲舒提出了“原心定罪”的酌定情节理论,注重犯罪动机和首犯、从犯的差别。《春秋繁露》指出:“春秋之听狱也,必本其事而原其志。志邪者不待成,首恶者罪特重,本直者其论轻。”[2]这里提出的断狱原则,强调了依据案件事实并探究行为人主观动机的重要性。这一原则将行为人的主观意图作为量刑时的关键酌定情节,对心怀邪念者即便罪行未成也予以严惩。同时,在共同犯罪中重惩主犯,而行为正直者则从轻论处。这种综合考虑事实与动机的裁决方式,体现了法律适用的灵活性与公正性,使司法裁判更加符合社会正义与道德要求。

晋朝时,刑法酌定情节的考量逐渐受到立法规制,张斐在《注晋律表》中指出:“其知而犯之谓之故,意以为然谓之失……两讼相趣谓之斗,两和相害谓之戏,无变斩击谓之贼,不意误犯谓之过失……唱首先言谓之造意,二人对议谓之谋,制众建计谓之率……三人谓之群,取非其物谓之盗……”[3]从刑法角度来看,这段文字

---

〔1〕 睡虎地秦墓竹简整理小组编:《睡虎地秦墓竹简》,文物出版社1978年版,第180页。

〔2〕 (清)苏舆撰,钟哲点校:《春秋繁露义证》,中华书局1992年版,第92页。

〔3〕 (唐)房玄龄等撰:《晋书》,中华书局1974年版,第928页。

对犯罪行为的主观心态、行为性质、组织程度及涉及人数等方面进行了细致划分，强调了不同情节对量刑的影响。其中对“故意、失误、斗、戏、贼、过失、造意、谋、率、群、盗”等概念进行了详细的界定，展现了刑罚裁量时的复杂性与灵活性。

北魏确立了存留养亲制度，属于对行为人犯罪后表现的考察。当时有法律规定：“诸犯死罪，若祖父母、父母年七十以上，无成人子孙，旁无期亲者，具状上请。流者鞭笞，留养其亲，终则从流。不在原赦之例。”〔1〕如果罪犯的祖父母或父母年龄在70岁以上，且家中没有其他成年子孙，也无其他近亲属可以依靠，这种情况可以作为一个重要的酌定情节来考虑，罪犯可以提交申请，请求从轻判决。对于原本应被判处流放的罪犯，法律也允许通过鞭笞的方式替代部分刑罚，让其在家奉养亲人，直到亲人去世后再执行流放。这种规定兼顾了家庭责任和社会伦理的考量，体现了法律在面对冷酷刑罚时的温暖和柔情，是刑罚人性化的一面。这里酌定情节的适用，使法律不再是冷冰冰的条文，而是充满了理解和温情。

《唐律》会区分“情重”和“情轻”，例如，在第306条“斗故杀人”中规定：“兵刃杀人者其情重，文同故杀之法，会赦犹遣除名。”〔2〕“兵刃杀人者其情重”一语，深刻揭示了以兵刃致人死亡的行为，在法律评价中因其手段残忍、后果严重，其情节自然趋于重大。此类行为，即便在法律条文中或可归类于“故杀”之范畴，依法应受严惩，但在具体量刑时，司法官亦须权衡案情细节，考量行

〔1〕（北齐）魏收撰：《魏书》，中华书局1974年版，第2885页。

〔2〕刘俊文笺解：《唐律疏议笺解》，中华书局1996年版，第1479页。

为人是否有悔过之意、是否主动投案自首等酌定情节，以期罚当其罪。然而，即便逢遇国家大赦，基于其行为之恶劣性质，法律亦不会轻纵，如“会赦犹遣除名”所示，即便免除刑罚，亦须剥夺其社会地位与名誉，以示惩戒。此番法律实践，不仅彰显了法律对于暴力犯罪严惩不贷的坚定立场，亦体现了法律在严格与宽宥之间寻求平衡的深思熟虑，让司法裁判既不失威严，又蕴含人文关怀。

《唐律》第269条规定：“诸夜无故入人家者，笞四十。主人登时杀者，勿论；若知非侵犯而杀伤者，减斗杀伤二等。”[1]这段文字彰显了古代法律在处理夜间非法闯入他人住宅案件时的智慧与公正。对于无故夜间闯入的行为，给予笞刑四十的处罚，既维护了社会秩序，又体现了法律的威严。同时，若主人出于自卫，在闯入者行凶瞬间将其杀死，法律不予追究，这既是对主人正当防卫权利的肯定，也是对夜间住宅安全的高度重视。而若主人明知闯入者并无恶意仍进行杀伤，法律则酌情减轻处罚，相较于一般斗殴杀伤罪减轻二等，这既体现了法律的宽容与人性化，也避免了因误判或过度反应导致的刑罚不公。整体来看，这项规定在酌定情节上，既严格又灵活，既保护了公民的安全，又维护了法律的公正与权威。

（三）宋元时期

宋代以“轻重恤刑”为原则，开始更广泛地考虑案件的社会背景和个人情况。例如，对罪犯年龄、健康状况等有明确的减轻处

---

〔1〕 刘俊文笺解：《唐律疏议笺解》，中华书局1996年版，第1333页。

罚规定。其中最为出名的是“盗贼重法”和“重法地法”。这无疑贯彻了《尚书》和《周礼》中根据特定情况实行差异化刑事政策的思想。

关于盗贼重法,《宋刑统》规定:“或闻外州断狱,窃盗不分首从。为准律云,假有十人共盗十匹,各得十匹之罪,谓之赃满,尽处极刑。盖是官吏不详律意,枉陷人命,特与分别,免至错误。臣等参详:请今后应犯窃盗,不计几人同行,将逐人脚下赃物,都并为一处,估至五贯文足陌者,头首处死。”[1]《宋刑统》中的这一规定,旨在纠正过往司法实践中对共同盗窃案件处理不当的问题。它明确指出,在以往,一些地方官员在断案时未能准确理解法律意图,对共同盗窃案件中的罪犯未加区分首犯与从犯,一律严惩,这导致了许多冤案。为此,《宋刑统》特别规定,在处理共同盗窃案件时,应将所有罪犯所得的赃物合并计算,若总额达到五贯文及以上,则对首犯处以极刑,以示严惩。这一规定通过明确量刑标准,既体现了刑法的公正与严谨,也避免了司法官误判而导致的冤假错案,使刑法在打击犯罪的同时,更加注重保护个体的权利。

宋代在特定区域内犯罪加重处罚的法律,被称为“重法地法”。根据《续资治通鉴长编》的记载,特定地区的犯罪:“凡劫盗罪当死者,籍其家赀以赏告人,妻子编置千里。遇赦若灾伤减等者,配远恶处。罪当徒、流者,配岭表;流罪会降者,配三千里,籍其家赀之半为赏,妻子递降等有差。应编配者,虽会赦,不移不

---

〔1〕(宋)窦仪等撰,吴翊如点校:《宋刑统》,中华书局1984年版,第346页。

释。”[1]也就是说，对于特定地区的劫盗罪犯，根据其罪行的严重程度，将采取不同的惩罚措施，包括死刑、流放、发配等，并没收部分或全部家庭财产作为奖赏给举报者，罪犯的妻儿也会受到相应的处罚。同时，即便遇到赦免或灾害等情况，对部分罪犯的严厉惩罚也不会轻易改变。这种根据具体情况灵活调整刑罚的做法，既体现了刑法的公正与人性化，也确保了法律的有效执行和犯罪预防目的的实现。

元代注重将特定犯罪的酌定情节纳入法条来衡量，处以极刑。《元典章》规定：“采生析割祭鬼。前件，议得：采生支解人者，鞫问明白，审复无冤，拟合凌迟处死，籍没家产。”[2]其他关于死刑的酌量加重情节也纳入了法制的轨道。《元史》记载：“诸图财谋故杀人多者，凌迟处死，仍验各贼所杀人数，于家属均征烧埋银。诸图财陷溺人于死，幸获生免者，罪与已死同。诸图财杀死他人奴婢，即以图财杀人论。诸奴盗主财而逃，送其逃者，辄杀其奴，而取其财，即以强盗杀人论。”[3]对于那些为图谋钱财而故意杀害多人者，法律采取了最为严厉的惩罚措施——凌迟处死，并且会根据各凶犯所杀人数向其家属征收烧埋银，以示惩戒与补偿。而对于那些为图财而置人于死地，但受害者侥幸逃脱的情况，法律同样严惩不贷，行凶者的罪行与致死者无异。此外，无论是杀害他人奴婢以图

---

〔1〕（宋）李焘撰，上海师范大学古籍整理研究所、华东师范大学古籍整理研究所点校：《续资治通鉴长编》，中华书局2004年版，第8255页。

〔2〕陈高华等点校：《元典章》，天津古籍出版社2011年版，第1425页。

〔3〕（明）宋濂等撰：《元史》，中华书局1976年版，第2659页。

财，还是追捕逃奴过程中杀害奴婢并占有财物的行为，法律都将其视为图财杀人或强盗杀人，严格依法论处。这种根据犯罪情节与后果进行差别化处理的做法，不仅体现了刑罚的严谨与公正，也彰显了法律对社会秩序的维护与对生命权的尊重。

受到游牧少数民族风俗习惯的影响，元代的损害赔偿制度比较发达，因此重视刑事附带经济赔偿。〔1〕前文提到的烧埋银制度，主要针对人身犯罪。这一制度突破了旧制，实现了刑事责任与民事赔偿责任的结合，与现代生命权损害赔偿制度有着相似之处。烧埋银的征收不区分犯罪人的主观故意或过失，也不受刑罚轻重的影响，具有普遍性和统一性，体现了刑法在执行中的灵活性和公正性。针对财产犯罪，元代也有制度。例如，元成宗时曾经规定："定强窃盗条格，凡盗人孳畜者，取一偿九，然后杖之。"〔2〕这条关于盗取他人牲畜的处罚规定，体现了惩罚与补偿相结合的原则。也就是说，一旦有人盗窃他人的牲畜，不仅要将其所盗牲畜以一赔九的高额比例赔偿给失主，还要对盗窃者施以杖刑以示惩戒。这样的规定，既考虑了对犯罪行为的严厉打击，也兼顾了对受害者权益的充分保护。

（四）明清时期

薛允升在《唐明律合编》中指出，明代法律的特点是"轻其轻

---

〔1〕 叶孝信主编：《中国民法史》，复旦大学出版社 2021 年版，第 436 页。

〔2〕 方龄贵校注：《通制条格校注》，中华书局 2001 年版，第 575 页。

罪，重其重罪”[1]。具体来说，“大抵事关典礼及风俗教化等事，唐律均较明律为重，贼盗及有关帑项钱粮等事，明律则又较唐律为重，亦可以观世变矣”[2]。这意味着在明代，对于涉及社会风化、典礼仪式等相对较轻的罪行，法律给予的处罚相较于唐代更为宽容；而对于关乎国家财产、盗窃等严重的罪行，明代法律的处罚则更为严厉。这种量刑上的轻重分明，实际上体现了明代法律在酌定情节上的精细考量。它不仅关注罪行的客观性质，还隐含了对社会风气、道德教化以及国家经济安全的深刻考量。这样的法律设计，旨在通过差异化的刑罚策略，既维护社会稳定，又促进社会道德的提升，同时彰显了明代法律对社会变迁的敏锐洞察和适时调整，可以说，明代法律在酌定情节的运用上，既体现了法律的严谨性，也蕴含了深刻的社会治理智慧。

《大明律》中提到，根据行为人动机和情节的不同，适当调整刑罚。明代继承了唐律以来的比附类推原则，其《名例律》规定：“凡律令该载不尽事理，若断罪而无正条者，引律比附。应加应减，定拟罪名，转达刑部，议定奏闻。若辄断决，致罪有出入者，以故失论。”[3]当遇到法律条文未能详尽覆盖的特殊情况，而需要对犯罪进行裁决时，司法官可以依据相近似的法律条文进行比附，酌情决定刑罚的加减。这一过程并非随意为之，而是要求司法官在作

[1] （清）薛允升撰，怀效锋、李鸣点校：《唐明律合编》，法律出版社1999年版，第168页。

[2] （清）薛允升撰，怀效锋、李鸣点校：《唐明律合编》，法律出版社1999年版，第170页。

[3] 怀效锋点校：《大明律》，法律出版社1999年版，第23页。

出裁决后，须将拟定的罪名上报刑部进行审议，并最终由上级决定。这样的规定旨在确保即便是在法律未明确规定的情形下，也能通过谨慎的比附和审议程序，作出尽可能公正合理的判决。

清律进一步细化了法定情节和酌定情节，重视对不同犯罪情节的差别处理。例如，法律明确提到“情轻”的从轻处理，“情重”的从重处理。这一时期还强调根据不同的家庭条件进行不同程度的经济赔偿，这都是司法官在法律框架内的灵活裁量。例如，《大清律例》规定：“内有因伊祖父母、父母老疾应侍，奏闻准其存留养亲者，令该地方官酌量该犯情由轻重。如系有力之家，情重者，追银五十两；情轻者，追银三十两。如果贫难无力之人，情重者，追银二十两；情轻者，追银十两，给与死者家属养赡。倘不给银两，将该犯仍照原拟治罪。再，该犯情重情轻、有力无力，该督抚于应侍疏内，先行声明。”[1]从酌定情节角度看，当犯罪者须奉年老有疾的祖父母或父母而被特许留家时，地方官员应综合考虑其犯罪情节轻重及经济状况来灵活处理。富裕的犯罪者须按情节轻重缴纳三十两至五十两银子，贫困者则须缴纳十两至二十两，这些银两用于资助死者家属。若拒付，将按原判刑罚处理。同时，督抚须在奏疏中明确说明犯罪者的情节轻重及经济能力。这种做法既体现了法律灵活性，也兼顾了严格执法与犯罪者的家庭责任和社会实际。

同样是关于犯罪存留养亲，有例文规定：“戏杀、误杀、擅杀，

---

〔1〕(清)吴坤修等编撰，郭成伟主持点校：《大清律例根原》，上海辞书出版社 2012 年版，第 81 页。

斗杀情轻，及无关人命，应拟死罪人犯，核其情节，秋审应入缓决可矜者，及仅止语言调戏，并无手足勾引，致本妇羞忿自尽之案，如有祖父母、父母老疾应侍，及孀妇独子，伊母守节已逾二十年者，该督抚查取各结，声明具题，法司随案核覆，声请留养。”[1]从规定上来看，法律在裁决戏杀、误杀、擅杀等严重犯罪行为时，会综合考虑各种情节，对情节较轻或存在特殊情况的罪犯给予宽宥，如斗杀情节较轻且不涉人命，或罪犯为家中老疾亲人唯一侍奉者、长期守节孀妇的独子等，督抚官员会调查并出具证明，法司复核后尽可能给予留养机会。这体现了宽严相济和兼顾人情道义的原则。

二、中国近代法律中的酌定情节

（一）晚清律法

清末修律进一步细化了法定情节和酌定情节。这一时期强调司法官在裁量中的灵活性，但仍需在法律框架内进行。例如，1907年的《大清新刑律草案》规定："凡不出于故意之行为，不为罪，但应以过失论者不在此限。不知律例，不得为非故意，但因其情节，得减本刑一等或二等。犯罪之事实与犯人所知有异时，从左例：第一、所犯重于犯人所知，或相等时，从其所知者处断。第二、所犯

---

〔1〕（清）吴坤修等编撰，郭成伟主持点校：《大清律例根原》，上海辞书出版社 2012 年版，第 96 页。

轻于犯人所知时，从其所犯者处断。”[1]这项规定沿用了《唐律疏议》的规定，即“其本应重而犯时不知者，依凡论，本应轻者，听从本”。[2]从以上草案的规定来看，对于非故意行为，虽然通常不被视为犯罪，但如果是过失导致的，则不在此免责范围内。行为人不知晓相关法律条例并不能直接构成非故意的理由，但考虑到这一情节，法律允许在量刑时对其本刑减轻一等或二等，体现了刑法在处罚时的灵活性和人性化考量。进一步讲，如果犯罪行为的严重性超出了犯罪人的主观认知，或者与其认知相当，那么量刑时会依据犯罪人的主观认知来判定；如果犯罪行为的严重性低于犯罪人的主观认知，则按照实际犯罪行为来量刑。这种处理方式既考虑了犯罪人的主观恶性，也确保了刑罚的公正性和合理性。

1910 年《修正刑律草案》规定：“凡犯罪之重轻，比较各主刑中最重者而定之，最重刑同等，比较最轻者而定之。轻重俱同者，据犯罪情节定之。”[3]该法条在判定犯罪轻重时，采取了一种综合考量的方式：首先比较各种主刑中的最重刑罚来确定犯罪的严重程度，如果最重刑罚相同，则比较最轻刑罚。当轻重刑罚都相同时，则依据犯罪的具体情节来最终确定刑罚，这体现了刑法在量刑时对犯罪情节的高度重视和细致考量，确保了刑罚的公正性和合理性。

---

〔1〕 黄源盛纂辑：《晚清民国刑法史料辑注》，台北，元照出版有限公司 2010 年版，第 50 页。

〔2〕 刘俊文笺解：《唐律疏议笺解》，中华书局 1996 年版，第 98 页。

〔3〕 黄源盛纂辑：《晚清民国刑法史料辑注》，台北，元照出版有限公司 2010 年版，第 212 页。

（二）民国时期

民国时期的刑法初步引入了现代意义上的酌定情节。下面以1928年《中华民国刑法》为例进行说明。该法明确规定了，“因不可抗力或其他特殊原因”可以减轻或免除处罚，赋予法官更大的自由裁量权。其第29条规定：“犯罪因发生一定之结果而加重其刑者，若犯人不能豫见其发生时，不得从重处断。”〔1〕也就是说，如果犯罪人在实施行为时无法预见结果会如此严重，那么在量刑时就不应单纯因此结果而对其从重处罚。这一原则体现了刑法在适用上的公正与合理，确保了对犯罪人的处罚与其主观恶性及行为后果相匹配，避免了因不可预见因素导致的刑罚过重，保证了法律适用的客观性和严谨性。

其第28条规定：“不得因不知法令而免除刑事责任。但因其情节，得减轻本刑二分之一。”〔2〕虽然个人对法律法令的不知情不能成为免除其刑事责任的理由，但法律也充分考虑到这一情节，规定在量刑时可以据此对犯罪人的刑罚进行一定程度的减轻，具体为减轻本刑的1/2。这样的规定既强调了法律的严肃性和普遍适用性，不因个人无知而轻易免责，又体现了刑法在处理具体案件时的灵活性和人性化考量。

---

〔1〕 黄源盛纂辑：《晚清民国刑法史料辑注》，台北，元照出版有限公司2010年版，第885页。

〔2〕 黄源盛纂辑：《晚清民国刑法史料辑注》，台北，元照出版有限公司2010年版，第885页。

其第 30 条规定："十三岁以上、未满十六岁人之行为，得减轻本刑二分之一。但减轻本刑者，因其情节得施以感化教育，或令其监护人、保佐人缴纳相当之保证金，于一年以上、三年以下之期间内监督其品行。满八十岁人之行为，得减轻本刑二分之一。"〔1〕对于年龄在 13 岁以上但未满 16 岁的未成年人犯罪，法律给予了从宽处理，规定可以减轻其刑罚的 1/2。同时，考虑到未成年人身心发展的特殊性，根据其犯罪情节，还可以采取感化教育等非刑罚措施，或者要求监护人、保佐人缴纳保证金，在 1～3 年内对其进行品行监督。而对于年满 80 岁的老年人犯罪，法律同样体现了宽宥精神，允许减轻其刑罚的 1/2。这样的规定不仅体现了刑法在处理不同年龄层犯罪人时的灵活性和人性化，也确保了量刑的公正性和合理性，旨在通过不同的处理方式，更好地实现法律的惩罚与教育的双重目的。

综上所述，《中华民国刑法》在刑法制度的构建上，特别是在酌定情节的引入与运用上，展现出了较为先进的立法理念。该法不仅明确了因不可抗力或其他特殊原因可以减轻或免除处罚的原则，还在具体条款中详细规定了不同情境下的量刑考量，如犯罪人无法预见结果的严重性、对法律法令的不知情，以及犯罪人的年龄因素等。这些规定不仅在当时具有前瞻性，即使在今天看来，仍然具有很高的立法参考价值。

---

〔1〕 黄源盛纂辑:《晚清民国刑法史料辑注》，台北，元照出版有限公司 2010 年版，第 885 页。

三、中国当代法律中的酌定情节

中华人民共和国成立后,《刑法》进一步完善了酌定情节制度。1979 年《刑法》中首次规定了一些典型的法定情节(如自首、立功)。1997 年《刑法》修订后,进一步完善了对法定情节和酌定情节的区分,并在实践中强调综合考虑犯罪人的主观恶性、动机、社会危害性等因素。近年来,通过量刑规范化改革,酌定情节的适用逐渐标准化,但仍保留了一定的灵活空间以实现个案公正。鉴于后文将做深入详尽研究,这里暂不展开。

综上所述,中国古代法律中的酌定情节,乃法律体系之重要构成,既彰显了法律之灵活变通与人文关怀,又深刻映射出古代社会对正义、公平及道德价值的矢志追求。通过对酌定情节历史沿革、文化底蕴及司法实践的深入剖析,我们能够更为透彻地理解和评判古代法律制度。同时,这一历程亦为我们提供了宝贵智慧与启示,对现代法律制度的健全与发展具有重要参考价值。展望未来研究之路,我们当继续深挖酌定情节的深层意蕴,以期获得更为全面而深刻的古代法律制度认知视角。

— 第三章 —
酌定情节的价值

一、酌定情节的内在价值

（一）实体价值

1. 确保法律适用的一致性

酌定情节在刑事司法中扮演着至关重要的角色，尤其在确保法律适用的一致性方面发挥了积极作用。法律适用的一致性是司法公正的基石，也是法律秩序稳定的保障。然而，现实中的法律适用往往面临复杂多变的案件情形，单纯依靠法律条文难以涵盖所有可能的情节变化。酌定情节的引入，正是为了解决这一问题，确保在不同案件中法律的适用能够保持相对一致，减少因个别化司法可能导致的类案处理上的不公正。在司法实践中，酌定情节为法官提供了一个灵活的调整空间，使其能够在法律框架内对案件进行个性化处理。例如，在同类刑事案件中，犯罪人的动机、行为的后果、悔罪态度等因素可能各不相同，酌定情节允许法官根据这些具体情节调整刑罚，从而在不同案件中保持相对一致的法律适用。以盗窃案件为例，如果两名被告所实施的盗窃行为在物质损失程度上相似，但其中一名被告因亟须支付家人的医疗费用而盗窃，而另一名被告系因贪欲而犯案，酌定情节允许法官对两者给予不同的刑罚处罚，从而体现法律的灵活性与人性化。

此外，酌定情节也能在一定程度上弥补法律条文过于僵化所带来的弊端。法律条文明确规定了犯罪与刑罚之间的对应关系，但在现实中，案件情节千变万化，固定的法律条文难以穷尽。在这种情况下，酌定情节的适用成为弥补法律条文不足的一种有效方式，使固定的法律条文变得富有弹性，能够更加灵活地适应经济社会发展的不同需要，也为法官在具体案件中作出更为符合正义和社会期望的判决提供了重要依据，推动了法律适用的一致性。通过对酌定情节的合理运用，司法机关能够在法律框架下实现对案件的灵活处理，确保不同案件中法律的适用符合统一的公正标准。不仅有助于维护司法权威和法律的严肃性，也在一定程度上提升了社会对司法裁判的信任度。

2. 实现刑罚公正与个案正义

刑罚公正与个案正义是刑法追求的核心目标之一，而酌定情节的运用正是实现这一目标的重要手段。法定情节虽然为刑罚提供了基本框架，但在复杂多变的司法实践中，法定情节的规定往往难以涵盖所有影响刑罚裁量的因素。法官在量刑时不仅需要考虑法定情节，还须结合案件的具体情况，如犯罪动机、犯罪手段、犯罪后果以及犯罪人的个人背景等因素综合考虑，以实现刑罚的个性化调整。[1]法官通常会考虑犯罪人的悔罪态度、被害人过错以及犯罪的社会影响等酌定情节，从而作出更加公正的判决。这种个性化的量刑方式不仅能够更好地反映犯罪的性质和犯罪人的具体情况，还能够有效避免因机械适用法定刑罚而导致的量刑不公。在司法实践中，酌定情节的运用已经取得了显著的效果。例如，有研究指出，被害人过错情节在故意伤害罪和故意杀人罪中的适用率分别达到了 35% 和 40%，[2]并且社会上时有关于因考虑被害人过错而对犯罪人给予轻判的正面报道，[3]表明被害人过错作为一种酌定情节具有一定的社会共识和民意基础。

在犯罪结构发生变化以及认罪认罚从宽制度深入广泛适用的背景下，酌定情节在轻罪案件办理及实现轻罪案件的个案正义中将具有更加显著的价值。司法人员在处理案件时通常会考虑犯罪人在认罪认罚中的表现，从而影响最终的刑罚裁量。[4]鉴于此，司法解释对于酌定情节也给予了足够重视。例如，2023 年实施的最高人民法院、最高人民检察院、公安部、司法部《关于办理醉酒危险驾驶刑事案件的意见》第 11 条把“造成交通事故，赔偿损失或

---

〔1〕 See Bijleveld & Catrien, *Sentencing Matters: Factors Determining Sentence Type and Length: An Exploratory Vignette Study*, 13 Amsterdam Law Forum 51 (2021).

〔2〕 参见莫然：《被害人过错情节司法适用的现状考察与改革路径——基于裁判文书大数据的实证分析》，载《华南师范大学学报（社会科学版）》2021 年第 6 期。

〔3〕 参见万承源：《女子不堪受长期家暴“反杀”丈夫，获从宽处罚被判刑 5 年》，载腾讯网“极目新闻”，https://news.qq.com/rain/a/20241125A051L 900#:～:text=。

〔4〕 参见王芳、甘叠、刘念：《认罪认罚量刑从宽实效研究——基于故意伤害罪轻罪的数据解读》，载《山东大学学报（哲学社会科学版）》2022 年第 3 期。

者取得谅解”明确纳入从宽处罚的情节，并规定“其他需要从宽处理的情形”作为兜底情形，反映立法者对酌定情节的重视。正如有学者指出的，我国《刑法》和《刑事诉讼法》向来鼓励行为人与被害方达成和解、取得谅解，从而化解社会矛盾，修复社会关系，对于具备这类情节的，应当酌情予以从宽处理。[1]在轻罪案件的处理中，通常把犯罪人的认罪态度、悔罪表现、犯罪后果的轻微性以及犯罪人的个人背景等作为酌定情节，有利于全面准确评价其行为的社会危害性，从而把好轻微犯罪的入罪关口，让刑罚措施更加符合人民群众内心的朴素正义观。

3. 促进刑罚的个别化与人性化

刑罚的个别化与人性化是现代刑法理论与实践的重要理念，旨在让刑罚更符合罪犯的具体情况与人文关怀，从而实现更有效的惩罚与改造。刑罚的个别化，是指在刑罚实施过程中，考虑到每个罪犯的个体差异，如犯罪的情节、社会背景、心理状态、年龄、性别等因素，来量定符合其特定情况的刑罚，强调“因人而异”，即不能机械地用一种一成不变的标准来适用于所有犯罪。个别化的刑罚体现对罪犯人性的尊重，强调每个人都有改正错误的机会。根据个体情况实施的惩罚往往更具威慑力和改造效果，可减少再犯率，可以更好地适应不同罪犯的特点，从而避免刑罚适用上的“一刀切”。刑罚的人性化，是指在刑罚执行过程中，注重对人性的尊

---

〔1〕 参见苗生明：《醉酒型危险驾驶的治罪与治理——兼论我国轻罪治理体系的完善》，载苗生明主编：《〈关于办理醉酒危险驾驶刑事案件的意见〉理解与适用》，中国检察出版社 2024 年版，第 27 页。

重，避免使用非人道或残忍的刑罚手段，以符合人道主义和人权保障的原则。刑罚的人性化是尊重人权的内在要求，注重保护犯罪嫌疑人和罪犯的基本人权，避免不人道的对待。例如，通过改善拘留和监禁条件，确保罪犯的心理健康与重返社会的能力。刑罚的人性化可以最大限度地减少社会对立，促进犯罪分子的社会再融入，推动社会和谐。

刑罚的个别化与人性化的核心在于根据犯罪人的具体情况作出更加符合实际的刑罚决定。而这里的“具体情况”多数体现为酌定情节，因而酌定情节的引入为这一目标的实现提供了重要依据。近年来，我国在轻罪案件中逐步扩大酌定不起诉的适用范围，2022 年全国检察机关对轻微犯罪案件作出酌定不起诉处理的比例达到 15.3%，较 2018 年上升了 6.7%。〔1〕这一趋势表明，酌定情节的灵活运用有助于实现刑罚的轻缓化，避免因过度惩罚而影响犯罪人的再社会化。从犯罪预防的角度来看，酌定情节的合理运用能够有效降低再犯率。有研究指出，2021 年全国范围内认罪认罚从宽案件的再犯率仅为 2.1%，远低于普通刑事案件的再犯率（8.7%）。〔2〕这一结果表明，通过酌定情节的考量，法官能够根据犯罪人的悔罪态度和改造可能性，制订更加个性化的刑罚方案，从而促进犯罪人的积极改造。例如，在盗窃案件中，法院通常会考虑被告人的退赃退赔情况，对积极退赃的被告人从轻处罚，这不仅有助

〔1〕 参见徐阳、张蕾：《我国程序免罪机制的扩充——以杨风申案为代表的案例研究》，载《东北大学学报（社会科学版）》2022 年第 4 期。

〔2〕 参见王芳、甘叠、刘念：《认罪认罚量刑从宽实效研究——基于故意伤害罪轻罪的数据解读》，载《山东大学学报（哲学社会科学版）》2022 年第 3 期。

于弥补被害人的损失，也能够激励被告人主动承担责任，趋同于刑法所保护的价值。[1]可见，酌定情节的合理运用是实现刑罚个别化与人性化的重要途径。通过综合各种酌定情节，司法人员能够作出更合理的刑罚决定，这不仅有助于犯罪人的改造和再社会化，也促进了刑罚的公正性，实现了良好的社会效果。

（二）程序价值

1. 增强量刑的灵活性与适应性

酌定情节在司法程序中的灵活运用，为法官提供了根据案件具体情况调整刑罚的空间，从而增强了刑罚的适应性和针对性。这种灵活性不仅体现在对犯罪行为的精准回应上，还体现在对犯罪人个体情况的深入考量中。

一是对法定情节的补充和细化。在多功能情节的适用、情节竞合以及应当型情节与可以型情节并存等复杂情况下，酌定情节可以对法定情节的最终适用结果起重要的调节、修正和辅助判断的作用。例如，对于具有自首情节的犯罪分子，如果其自首后还有积极退赃、真诚悔罪等酌定从宽情节，法官在量刑时就可以在法定刑的基础上给予更大幅度的从轻或者减轻处罚；反之，如果存在一些酌定从严情节，如犯罪手段特别残忍等，即使有自首情节，在从轻或减轻处罚的幅度上也会相对较小。当特定案件中不具有法定情节时，酌定情节的适用就成为在相对确定的法定刑中确定最终

〔1〕 参见杨宁：《退赃退赔激励性从宽情节研究》，载《现代法学》2021年第5期。

应当判处的刑罚所不可缺少的根据之一。例如，在一些轻微盗窃案件中，如果犯罪人是初犯，且盗窃金额刚达到立案标准，同时其犯罪动机是为了给家人筹集急需的医疗费用，犯罪后又积极退赃并取得被害人谅解等，这些酌定情节就可以成为对其从轻处罚的依据，使刑罚的裁量更加符合案件的实际情况。

二是全面考量案件的具体情况。犯罪分子的一贯表现是常见的酌定情节。例如，平时遵纪守法者犯罪，与平时一贯违反法律，甚至多次受过行政处罚者犯罪相比，后者的主观恶性相对较大，应受到相对较重的处罚。又如，如果犯罪人有多次前科，表明其再犯可能性较大，在定罪量刑时可以作为酌定从重情节考虑；而如果犯罪人无前科，属于初犯，在定罪量刑时则可以适当从轻处罚。犯罪的动机和犯罪后的态度对定罪量刑也有重要影响。例如，同样是故意杀人罪，有的犯罪人是出于义愤或者防卫等动机，与出于恶意报复、谋财害命等动机相比，主观恶性明显不同，定罪量刑时应有所区别。犯罪后的态度如真诚悔过、积极退赃、主动赔偿损失、积极采取措施消除或减轻危害结果等表现，较之于拒不认罪、毁灭罪证、意图逃避罪责等表现，应当受到相对较轻的处罚。〔1〕犯罪的手段、时间、地点以及侵害的对象等客观因素也是重要的酌定情节。如使用一般强制方法实施的强奸犯罪，与采用惨无人道、极端野蛮的手段完成的强奸犯罪相比，前者的情节明显轻于后者；发生于天灾人祸之时的盗窃、抢劫等犯罪，就比平时所发生的相同犯罪具有

---

〔1〕 参见杨柳：《公平正义理念下的“坦白从宽、抗拒从严”》，载《江淮法治》2007年第5期。

更大的社会危害性；侵犯未成年人、残疾人、老年人、怀孕妇女的犯罪，比侵犯其他对象的相同犯罪，具有更大的社会危害性。

三是适应社会发展和刑事政策的变化。随着社会的发展和进步，人们的价值观念和道德观念也在不断变化，对于某些犯罪行为的社会危害性和犯罪人的可谴责性的认识也会发生改变。[1]酌定情节可以及时反映这些变化，使定罪量刑更加符合社会的普遍认知和期望。例如，在网络犯罪日益增多的情况下，对于利用网络技术实施犯罪的手段、造成的社会影响等酌定情节的考量，可以更好地适应社会对网络安全和秩序的重视。刑事政策具有灵活性和针对性，能够根据不同时期的犯罪形势和社会治理需要进行调整。酌定情节可以作为贯彻刑事政策的重要手段，如在某一时期对特定类型犯罪实行严打政策时，对于具有某些酌定从严情节的犯罪人可以依法从重处罚；而在强调宽严相济刑事政策时，对于具有酌定从宽情节的犯罪人可以给予更充分的从宽处罚，从而使定罪量刑更好地服务于刑事政策的目标。

2. 提高司法裁判的透明性与公信力

酌定情节的明确和合理运用在提高司法裁判的透明性与公信力方面具有显著作用。司法透明性是现代法治社会的基本要求，而酌定情节的合理运用能够使法官的量刑依据和逻辑更加清晰可见。例如，在故意杀人罪的死刑裁量中，法官通常会考虑犯罪动机、犯罪手段、犯罪后果以及被告人的悔罪表现等酌定情节。这些情节的明确列举和详细分析，不仅使被告人及其辩护人能够更好

[1] 参见石震方：《酌定量刑情节的适用困境与出路》，载《量刑研究》2019年第2期。

地理解量刑依据，也使公众能够通过裁判文书了解法官的裁判思路，从而增强对司法裁判的信任。

对于酌定情节的认定，必须依据充分、确实的证据。例如，犯罪人的一贯表现，需要通过社区证明、工作单位评价、前科记录等多方面的证据来综合判断。明确的证据标准可以使当事人和公众清楚地了解酌定情节的认定依据，增强对司法裁判的信任。在诉讼过程中，法官应当及时告知当事人案件中存在的酌定情节及其可能对定罪量刑产生的影响，确保当事人有充分的机会对酌定情节进行举证、质证和辩论。例如，在法庭审理中，对于检察机关提出的酌定从重情节，被告人及其辩护人有权进行反驳和提供相反的证据；对于被告人提出的酌定从宽情节，检察机关也可以进行质证和辩论。

裁判文书中应当详细说明对酌定情节的认定和适用理由。例如，如果认定犯罪人的一贯表现良好并作为酌定从宽情节，应当具体说明其在工作、生活中的良好行为表现以及对其从轻处罚的依据；如果因犯罪手段残忍而将其作为酌定从重情节，也要在裁判文书中具体描述残忍手段的表现和对社会危害性的加重程度等。通过详细的说理，使当事人和公众能够理解法官对酌定情节的考量和量刑的公正性。将包含酌定量刑情节认定和适用的裁判文书通过互联网等渠道向社会公开，接受公众的监督，使公众可以通过查阅裁判文书，了解类似案件中酌定情节的适用情况，从而对司法裁判的一致性和公正性进行监督。如果发现裁判文书中对酌定情节的适用存在不合理之处，也可以通过合法的途径提出疑问和建议，促使司法机关及时纠正和改进。

3. 保障当事人的合法权益

在司法实践中，酌定情节的合理运用对于保障被告人的合法权益具有重要价值。现代司法理论认为，定罪量刑过程应当充分听取被告人的意见，保障被告人的参与权。〔1〕在实践中，一些法院已经开始探索在定罪量刑程序中引入社会调查报告等机制，以全面了解被告人的个人情况，为定罪量刑提供更加充分的依据。2014 年最高人民法院发布的《关于常见犯罪的量刑指导意见》(已失效)明确将被告人认罪认罚、积极赔偿被害人损失等情节作为量刑的重要依据。根据 2020 年全国法院刑事审判工作会议的数据显示，在故意伤害案件中，被告人积极赔偿被害人并取得谅解的案件，平均量刑较未赔偿案件减轻了约 30%。〔2〕上述规定和做法表明，被告人可以通过积极退赃退赔、赔礼道歉、被害方谅解等酌定情节的认定和适用，直接或间接地参与到刑罚的裁量中来，获得实体和程序上的权益保障。

酌定情节还有助于维护被害人及其家属的合法权益。一方面，通过赔偿和谅解机制保障被害方权益。当犯罪人积极赔偿被害人的经济损失时，这一酌定情节不仅对犯罪人有利，也在很大程度上保护了被害人的权益。例如，在故意伤害案件中，犯罪人赔偿被害人的医疗费用、误工费、精神损害抚慰金等损失，能够缓解被害人

〔1〕 参见谭芃：《论作为“行动”的量刑：阿伦特理论视野下的量刑程序》，载《Open Journal of Legal Science》2023 年第 6 期。

〔2〕 参见王复春：《故意杀人罪死刑裁量机制的反思与改进》，载《环球法律评论》2022 年第 2 期。

因犯罪行为所遭受的经济困境。同时，这种赔偿行为作为酌定从宽情节，有助于修复犯罪人与被害人之间的关系，减轻被害人的复仇心理，消弭社会戾气，促进社会的和谐稳定。犯罪人如果能够取得被害人的谅解，这一酌定情节在定罪量刑中也会被考虑。被害人的谅解表明其对犯罪行为的一种宽容态度，也反映出犯罪人的积极行为在一定程度上弥补了被害人的心理创伤。这种情况下，对犯罪人从轻处罚，实际上是在平衡犯罪人与被害人之间的利益，既考虑了犯罪人的悔罪表现，也尊重了被害人的意愿，体现了对被害人权益的尊重和保护。另一方面，确保公正的定罪量刑以维护被害人情感利益。酌定情节的正确运用可以让被害人感受到公正的审判。如果司法机关在定罪量刑时不考虑犯罪人的各种酌定情节，如犯罪后的恶劣态度（如拒不赔偿、毫无悔罪之意）等情况，随意给予从轻处罚，被害人可能会觉得自己的权益没有得到充分的维护，对司法公正产生怀疑。相反，合理运用酌定情节，对犯罪人进行公正的定罪量刑，能够让被害人感受到法律对其遭受伤害的重视，从而维护被害人的情感利益。

二、酌定情节的外在价值

（一）社会价值

1. 促进社会关系修复

犯罪是对社会关系的破坏，打击犯罪的目的之一就是修复受损的社会关系。恢复性司法是一种与传统刑事司法模式有所不同的司法理念和实践方式。它强调犯罪不仅是对国家法律秩序的违反，更是对被害人、社会关系的损害。其核心在于通过一系列的程序和措施，促使犯罪人对其犯罪行为所造成的损害进行弥补，使被害人得到补偿和安抚，同时修复被犯罪行为破坏的社会关系，达到恢复社会秩序、促进社会和谐的目的。一方面，恢复性司法为犯罪人和被害人提供了直接对话和沟通的机会。在传统司法模式中，犯罪人和被害人之间往往是隔离的，被害人主要是作为证人出现，其情感和实际需求得不到充分重视。而恢复性司法通过调解、和解等形式，让犯罪人能够直面被害人，倾听被害人讲述犯罪行为给自己造成的身心伤害。例如，在盗窃案件中，犯罪人可以了解到被害人丢失财物后的焦虑和生活上的不便。同时，犯罪人表达歉意和采取赔偿等补救措施，能够使被害人的愤怒和怨恨情绪得到缓解，从而修复双方之间的关系。这种关系的修复对于社会和谐至关重要，因为它减少了被害人可能产生的报复心理，避免了矛盾的进一步激化。另一方面，恢复性司法中的社区恢复计划等措施，如让犯罪人参与社区服务、修复公共设施等，有助于犯罪人重新融入社区。例如，在破坏社区公共设施的案件中，犯罪人通过参与设施的修复工作，向社区成员展示自己的悔罪态度，社区成员看到犯罪人的积极改变，会逐渐重建对犯罪人的信任，恢复社区内的和谐人际关系。同时，社区也从犯罪人的劳动中受益，增强了社区的凝聚力。

在刑事司法中践行恢复性司法理念，必须用好酌定情节，充分发挥其价值。首先，司法人员应加强对恢复性司法理念和酌定情节的学习与理解，提升自身的专业素养和司法能力。在实际办案过程中，能够准确把握酌定情节的内涵和外延，合理运用自由裁量权，确保酌定情节在恢复性司法程序中得到公正、合理的考量。其次，建立健全相关的制度和机制。例如，完善被害人与犯罪人的沟通协商机制，为双方提供平等、安全的对话环境，使被害人能够充分表达自己的诉求，犯罪人能够真诚地悔罪并提出合理的补偿方案。同时，建立对酌定情节的评估和监督机制，确保司法人员在运用酌定情节时遵循公正、公平的原则，防止权力滥用。最后，加强社会宣传与教育，提高公众对恢复性司法和酌定情节的认知度和认同感。通过媒体宣传、社区教育等方式，让社会公众了解恢复性司法的理念和优势，认识到酌定情节在促进犯罪人改造、修复社会关系方面的重要作用，从而为恢复性司法的实践营造良好的社会氛围。在刑事司法中践行恢复性司法理念，必须紧紧抓住酌定情节这一关键要素。通过合理运用酌定情节，能够更好地修复被犯罪行为破坏的社会关系，促进犯罪人的改造与回归社会，实现刑事司法的法律效果与社会效果的有机统一，为构建和谐、稳定的社会秩序贡献力量。

2. 促进犯罪预防

酌定情节能够发挥一般预防的作用。当社会公众看到犯罪人因存在某些恶劣的酌定情节（如犯罪手段残忍、毫无悔罪表现等）而被判处较重的刑罚时，会对犯罪行为及其后果有更深刻的认识。这种信息传播能够对潜在犯罪人产生威慑效果，使其在实施犯罪行为之前有所顾虑。例如，在抢劫犯罪中，如果犯罪人在抢劫过程中使用暴力伤害被害人，并且在犯罪后没有积极救助被害人或者试图逃避责任，这些酌定从严情节会导致其受到较重的刑罚。公众了解到这种情况后，会对抢劫犯罪的严重性有更清晰的认识，从而减少潜在抢劫犯罪的发生概率。从特殊预防角度看，酌定情节也有助于犯罪人的改造。对于犯罪后有积极表现的犯罪人，如积极赔偿被害人损失、参与社区服务等，这些酌定从宽情节在定罪量刑时被考虑，会激励犯罪人在服刑期间或缓刑考验期内继续保持良好的行为。

3. 推动社会道德建设

酌定情节包含了许多道德评价因素。例如，犯罪人的犯罪动机是否符合社会道德观念是一个重要的酌定情节。如果是出于保护他人、维护社会公义的动机而实施了某些违法行为（如紧急避险过当），那么与出于自私自利、恶意伤害他人的犯罪动机相比，在定罪量刑时会有所区别。这种对犯罪动机的考量体现了法律对道德因素的尊重，有助于引导社会公众树立正确的道德观念。同样，犯罪后的态度也涉及道德层面，如是否真诚悔罪、是否积极弥补自己的过错等，这些情节在定罪量刑中的运用可以强化社会的道德责任意识。

酌定情节的适用能够引导社会行为规范，促进良好社会风尚的形成。当社会公众看到犯罪人的积极行为（如积极赔偿、主动道歉等）作为酌定从宽情节得到认可时，会受到激励，在日常生活中也会更加注重自己的行为后果，积极履行自己的社会责任。例如，在交通事故案件中，肇事司机如果能主动承担责任、积极救助伤者并诚恳道歉，这种行为作为酌定从宽情节在司法实践中被考虑，会向社会传递一种积极的信号——勇于承担责任的行为是值得肯定的，从而引导人们在类似情况下做出符合社会道德和法律规范的行为。

（二）文化价值

1. 传承文化价值观

酌定情节蕴含着丰富的传统文化观念。例如，在中国文化中，“知错能改，善莫大焉”的观念深入人心。犯罪后的悔罪态度作为酌定从宽情节，就体现了这种传统道德理念。当犯罪人真诚悔罪、积极弥补过错时，法官在定罪量刑时考虑这一情节，实际上是对“改过自新”这一传统道德观念的传承。又如，“尊老爱幼”是中华民族的传统美德，在涉及侵害老年人或未成年人的犯罪案件中，犯罪手段的残忍程度等酌定情节会被重点考量。如果犯罪人对弱势群体实施了特别残忍的犯罪行为，那么在定罪量刑时会对之给予较重的处罚，这体现了对传统道德价值观中体恤弱者观念的维护。

社会公序良俗是文化的重要组成部分，酌定情节也反映了这些内容。例如，在一些农村地区或特定的社区，存在着一些约定俗成的规范和习俗。在处理当地发生的刑事案件时，这些习俗可能会影响酌定情节的判断。例如，对于邻里之间的纠纷引发的犯罪，社区内普遍存在的“和为贵”的观念会使法官在考量酌定情节时更加注重犯罪人是否有主动和解的意愿和行为。如果犯罪人积极采取措施修复邻里关系，如主动道歉、赔偿损失并得到邻里的谅解，这一酌定情节在量刑时可能会得到更多的重视，这体现了对社会公序良俗的尊重和传承。

2. 促进文化交流与融合

在国际司法交流中，不同国家的酌定情节可以相互借鉴，促进文化的交流与融合。例如，在一些西方国家，对于犯罪人的心理治疗和矫正情况作为酌定情节在量刑中占有重要地位。这种注重犯罪人心理因素的理念可以为其他国家所借鉴。同样，东方国家在量刑时会更多地考虑家庭关系和社会和谐因素等酌定情节，也能为西方司法实践提供新的思路。通过相互学习，各国可以更好地理解不同文化背景下的司法理念和价值观念，促进全球司法文化的融合。在一个多元文化的社会中，酌定情节有助于不同文化群体之间的交流与融合。例如，在一个移民较多的国家或地区，不同文化背景的人对于犯罪和惩罚可能有不同的理解。在司法实践中，考虑各种文化因素对酌定情节的影响，可以增进不同文化群体之间的相互理解。例如，对于某些宗教文化中强调的忏悔和救赎观念，在涉及该宗教信徒犯罪的案件中，可以将其犯罪后的宗教忏悔行为作为一个酌定情节进行合理考量。这种做法不仅尊重了不同文化群体的信仰和价值观，还能促进不同文化在司法领域的交流与融合，构建一个更加包容和谐的社会文化环境。

3. 塑造文化形象与文化认同

合理运用酌定情节有助于塑造公正、人性化的司法文化形象。司法机关在定罪量刑时充分考虑各种酌定情节，如犯罪人的一贯表现、犯罪动机的可容忍性、犯罪后的积极补救措施等，展现出司法的灵活性和公正性，会让公众对司法文化产生积极的印象。这种积极的司法文化形象可以成为国家文化形象的重要组成部分，向国内外展示本国司法制度尊重人权、注重社会和谐等的文化价值观。酌定情节的运用也可以强化社会成员的文化认同。在一个社会中，人们对公平、正义、责任等文化价值观念有着共同的追求。当司法制度通过酌定情节体现这些价值观念时，社会成员会更加认同自己所处的文化环境。例如，当人们看到犯罪人的积极行为作为酌定从宽情节得到肯定，而恶劣行为作为酌定从严情节受到惩罚，会增强对社会主流文化价值观的认同，促进社会文化的传承和发展。

— 第四章 —

酌定情节与罪刑法定原则的关系

如前文所述，酌定情节的一个基本特征就是缺乏法律的具体规定，所谓酌定情节的法定性也只是就适用依据而言具有概括性的法律规定，然而其内容和功能需要在司法过程中具体情况具体把握。酌定情节的这一特质势必在理论上受到罪刑法定原则的质疑。对此问题，理论界也颇具争议，归纳起来主要有两种观点，一种观点认为酌定情节符合罪刑法定原则，另一种观点认为其不符合罪刑法定原则。本书认为，酌定情节完全符合罪刑法定原则的要求。这里还需要从罪刑法定原则本身谈起。

一、罪刑法定原则的理性解读

罪刑法定原则是现代刑法的基石，目前世界上大多数国家的刑法典都已经规定了这一原则。实行罪刑法定原则的意义在于把犯罪与刑罚的一系列问题都以法律的形式予以规定,并明确要求依法办案,这样就使定罪、量刑有了统一的标准和依据,有利于法治的统一;此外,罪刑法定原则的贯彻实施可以防止执法司法人员滥用职权,任意出入罪,侵犯公民的合法权益,保护无罪的人不被任意追究刑事责任,有罪的人依法受到应有的惩处。切实保证有法可依、有法必依、执法必严、违法必究。简言之,罪刑法定原则是保卫社会、维护法制统一以及切实保障人权的需要,将其明确规定在刑法中,意义不言而喻。

在国外刑法学界,对于罪刑法定原则有形式主义和实质主义两种不同的理解,也因而对应着诸多不同的内容。两种理解的差异集中体现在对法的本质、犯罪的本质、法的基本属性以及法的价值取向等问题截然不同的解答上。在法的本质上,前者将罪刑法定原则中的"法"限定为成文的、由有权制定法律的机关制定的法;而后者认为法的真谛在实在的制定法之外,罪刑法定原则中的"法"是指体现人类理性的自然法,是人们在实际生活中所遵循的活法或者司法创造的法。在犯罪的本质上,前者将罪刑法定原则归结为对法律规定的违反;后者则将其归根于犯罪行为的社会危害性。在法的基本属性上,前者强调法律表现形式的确定性;后者强调法律表现形式的多样性和内容的不确定性。在法的价值取向上,前者把维护个人自由放在首要位置;而后者将维护保卫社会生活的基本条件作为第一任务,强调个人利益应该服从社会需要。〔1〕

〔1〕 参见陈忠林:《刑法散得集》,法律出版社 2003 年版,第 154、164 页。

在大陆法系国家，基于崇尚理性逻辑的传统以及国家实证主义法律观的主导，形成对法律确定性的崇拜，对罪刑法定的理解偏重形式主义；而在英美法系国家，由于反对立法一贯正确的迷信，反对将法律确定性绝对化的僵死教条，强调法律内容的合理性和法律适用的灵活性，因而对罪刑法定的理解倾向于实质主义。

基于各自的理论渊源和时代背景，无论是形式主义理解还是实质主义理解都有其合理之处，至少在特定的历史时代发挥了各自应有的功效和价值。就形式主义理解而言，首先，它在理论上源于近代资产阶级民族国家产生过程中出现的国家实证主义法律观，即认为“只有代表国家的主权者才有权立法，只有主权者颁布的法律才是真正的法”，这种法律观念一方面“主张只有主权者颁布的法律才是真正的法律，力图把神法变成人法，将上帝请出法律领域，借以剥去封建专制的神圣光环”，另一方面强调“只有作为主权者的国家才能制定法律，力图建立更有效、更集中的现代资产阶级国家，将政治领域中的关系简单化为个人与统一的国家之间的关系，通过个人对国家效忠来废除各种封建的义务和封建人身依附关系，并在这种国家制定的法律的保护中最终实现启蒙思想家有关平等、自由的理想”，因而，在打破宗教神学与封建贵族统治的神圣同盟过程中发挥了积极作用。[1]其次，从沿革意义上讲，罪刑法定原则的形式主义理解产生的思想渊源是三权分立思想和心理强制说，“形式主义的罪刑法定原则的……基本要求实质上是

---

〔1〕 参见陈忠林：《刑法散得集》，法律出版社2003年版，第159页。

三权分立理论在犯罪与刑罚问题上的具体体现”，对于在刑事法领域限制立法权、司法权和行政权，保障这三种权力之间相互制约、相互平衡，进而保障其按照有条不紊的秩序协调运行提供了制度性的依据。除此之外，形式主义理解在防止司法专横、杜绝法官专权，强调法的安定性，增强人们对自己行为性质与后果的预测可能性，保证国民的自由行动从而保障人权方面，同样具有不可替代的积极意义。而实质主义理解在发挥法官的主观能动性，实现个案正义，促进法律适应社会现实的需要，展现法律的价值和功能方面，都有着不容忽视的重要作用。

然而，物极则必反，罪刑法定原则的形式主义理解和实质主义理解，都因为各自的偏激而走向了不同的极端。形式主义理解的倡导者颠倒了法律表现形式与法律内在价值的关系，过分渲染法律表现形式的确定性，忽视了法律的内在价值，把对法律确定性的迷信作为法律追求的基本目标，最终“理想的热情取代了理性，革命的理论变为了教条，革命本身变成了乌托邦”，〔1〕甚至可能使法律沦为维护专制主义的工具；实质主义理解的拥护者在追求个案正义的过程中，却往往对法律内容的确定性进行过分的批判，以至于否定法律的普遍性，偏激地认为法官才是真正的立法者，当这种偏见发展到极端的时候，立法的权威被彻底否定，法官的“经验”甚至“直觉”代替了理性的法律，最终陷入法律虚无主义的泥沼。

---

〔1〕［美］J. 梅利曼：《大陆法系》，顾培东等译，知识出版社1984年版，第19页。

统观罪刑法定原则形式主义理解与实质主义理解的内容，可以见得这两种理解方式冲突的焦点实质上聚集在两对现代法治社会最基本的价值选择上，即法律的确定性与法律的内在价值以及个人自由与社会利益的轻重取舍。如果单纯将法律的确定性放在首位，把保障个人自由作为刑法的首要任务，法的内在价值以及社会公共利益只能屈居其次，罪刑法定原则的形式主义理解就是当然选择。倘若认为法的内在价值是法律赖以存在的根本，维护社会利益应该是刑法的终极目标，那么罪刑法定原则的实质主义理解才是合理之举。法治发展的历史和现实启示我们，只选择这两对矛盾的一个方面而放弃任何方面都不是明智之举。

事实上，“经过二百多年，特别是第二次世界大战后，两大法系间的相互影响、相互渗透、相互融合，西方刑法学中的实质主义和形式主义已不再是两大势不两立的营垒”“崇尚理性逻辑的欧陆……已无人再信奉立法一贯正确，将法律视为僵死的教条”“讲究实践经验的英美法系国家……法典化已成为不可抗拒的潮流”。[1]法治不仅需要实现形式正义，而且还要追求实质正义。实质正义是支撑制度的价值依据，形式正义是对制度的严格公正执行。单纯的形式正义和过分的僵死教条可能导致结果的极不正义；单纯的实质正义，也可能因为削弱国民对其行为性质和后果的预测可能性而妨碍行动自由，同样偏离正义的航标。对于刑事法治而言，如何使个案的处理结果既符合形式正义的要求又兼具实质正义的价值，实际就在于如何把握罪刑法定原则形式主义和实

〔1〕 陈忠林：《刑法散得集》，法律出版社 2003 年版，第 171～172 页。

质主义这两种看似矛盾的内容的融合与平衡。

酌定情节正是罪刑法定原则形式主义和实质主义两种理解方式相互交融的表现形式之一。如前文在介绍酌定情节的特征时提到的，酌定情节具有法定和酌定的兼容性，酌定情节的这一特征既满足了形式主义理解所青睐的法律的确定性，又关注了实质主义理解所追求的法律的内在价值。我国作为酌定情节的《刑法》总则依据之一的第 13 条但书规定“但是情节显著轻微危害不大的，不认为是犯罪”，将形似犯罪但实质上其社会危害性还没有达到应受刑罚惩罚程度的行为排除在犯罪圈之外，体现了不到迫不得已的时候就不动用刑罚的理念，与形式主义罪刑法定原则保障个人自由的价值追求相一致；同时《刑法》分则情节犯中“情节严重”的规定，则显示出情节严重的危害社会行为一定会构成犯罪，要受到刑罚处罚，体现了实质主义罪刑法定原则保卫社会利益的坚定决心。因此，总体而言，酌定情节与罪刑法定原则所蕴含的价值是相一致的。

二、罪刑法定原则的明确性要求

罪刑法定原则有许多派生原则或言具体要求，明确性即为其基本要求之一。酌定情节招致疑问最多的也莫过于认为酌定情节不具有明确性，不符合罪刑法定原则的明确性要求，甚至据此认为酌定情节是对罪刑法定原则的冲击。因此，这里有必要结合酌定情节单就罪刑法定原则的明确性要求作专门分析。

明确性，即对犯罪行为及相应法律后果的规定必须明白、确切，不能含混不清。罪刑法定原则的明确性要求，也可称为明确性原则，是罪刑法定原则的一项重要派生原则。它肇始于美国“不明确即无效”的宪法判例。美国联邦最高法院早在1914年曾审理了一起关于肯塔基州的反垄断法的解释问题的诉讼。法院最终以该法中“禁止以商品的实际价值以上的价格垄断销售”的规定不明确为由，判决其无效。这一判决通常被学者认为是美国联邦最高法院首次将明确性原则作为宪法问题加以确认。〔1〕之后，“不明确即无效”的适用范围逐渐扩大，直到广泛适用于经济法规、刑法法规等各个领域。该原则在美国形成以后迅速为大陆法系主要国家的刑法理论和司法实践所接受，并对其刑事立法和刑法的适用产生直接影响。作为大陆法系的代表性国家，德国、日本、意大利都分别通过对刑法规范违宪审查的若干案例开始认识、研究，进而逐步确立了刑法的明确性原则。

现在，明确性要求作为罪刑法定原则的一项重要派生原则已经得到世界范围的认可。甚至可以认为，坚持刑法内容的明确性是罪刑法定原则的核心，明确性原则比罪刑法定的其他派生原则都更为重要。对于此，国内外刑法学界都有着清醒的认识，例如，意大利刑法学者帕多瓦尼曾言，“如果法的规定不明确或允许类推……法律的专属性原则和不得溯及既往原则就会归于虚有”；〔2〕

---

〔1〕 黎宏：《罪刑法定原则的现代展开和刑事司法公正》，载《司法改革论评》2002年第2期。

〔2〕［意］杜里奥·帕多瓦尼：《意大利刑法学原理》（注评版），陈忠林译评，中国人民大学出版社2004年版，第29页。

在德国，刑法学中的通行观点认为，“明确性要求对于实践的意义大于禁止类推，‘对无法无刑原则的真正危险并非来自于类推，而是来自于不确定的刑法规定’”；〔1〕在日本，有学者认为，事先明文规定刑罚法规虽然在一定程度上满足了法律主义与禁止事后法的原则，然而，如果刑罚法规的内容不明确，就会使国民对于究竟禁止哪些行为仍然难以判断，这种刑罚法规依然剥夺了国民对自己行动的预测可能性，萎缩了国民的行动。〔2〕我国刑法学者张明楷教授同样主张罪刑法定原则的明确性要求比法律主义要求更为重要，认为“与其制定不明确的法律，不如不制定法律，没有法律的状态比有不确定的法律要好”。〔3〕

惩罚犯罪、保护人民是刑法存在的价值根本。〔4〕然而，就侵害人权的可能性而言，不明确的法律比没有法律更为严重，“没有法律却认定某行为是犯罪时，我们还可以发现进而批评该认定没有法律根据；而根据不明确的法律认定某行为是犯罪时，我们还不能批评，因为该认定是具有‘法律根据’的”，这就有可能造成法律的执行者不公正执法，侵害公民权益。〔5〕就惩罚犯罪而言，一方面，如果法律的规定含混不清、模棱两可，司法机关便不能依此来准

〔1〕［德］汉斯·海因里希·耶赛克、托马斯·魏根特：《德国刑法教科书》，徐久生译，中国法制出版社2001年版，第169页。

〔2〕参见［日］西田典之：《日本刑法总论》，刘明祥、王昭武译，中国人民大学出版社2007年版，第41页。

〔3〕张明楷：《刑法格言的展开》，法律出版社2003年版，第37页。

〔4〕参见陈忠林主编：《刑法总论》，高等教育出版社2007年版，第9页。

〔5〕参见张明楷：《刑法格言的展开》，法律出版社2003年版，第37页。

确地定罪量刑，刑法惩罚犯罪的本体功能也不能有效发挥；另一方面，惩罚犯罪的方式、程度和范围必须以保护包括犯罪人的合法权益在内的人民利益为限度，由于人民的利益在含混的法律面前难以确保，惩罚犯罪也必然因为偏离其应有的价值目标而变为毫无意义的恶行。当惩罚犯罪、保护人民的价值功能都因刑法规范内容的不明确而不能实现时，刑法也就失去了价值根基而缺乏存在的合理性。诚如贝卡里亚所言："如果说对法律进行解释是一个弊端的话，显然，使人不得不进行解释的法律含混性本身是另一个弊端。尤其糟糕的是：法律是用一种人民所不了解的语言写成的，这就使人民处于对少数法律解释者的依赖地位，而无从掌握自己的自由，或处置自己的命运。这种语言把一部庄重的公共典籍简直变成了一本家用私书。"〔1〕从这个意义而言，"法律不确定时，法律就不存在了"，〔2〕足以见得明确性原则的重要性。

明确性原则主要是针对立法者所提出的要求，是立法技术的准绳，其核心是规定犯罪与刑罚的法律规范的内容必须明白、清楚、确实、确切。正如意大利学者帕多瓦尼所言，明确性原则向我们传达了这样一个基本要求，即规定犯罪的法律条文必须清楚明确，使人们确切了解违法行为的内容，准确地确定犯罪行为与非犯罪行为的范围，以保障该规范没有明文规定的行为不会成为该规

---

〔1〕［意］切萨雷·贝卡里亚：《论犯罪与刑罚》，黄风译，中国法制出版社2002年版，第19页。

〔2〕张明楷：《刑法格言的展开》，法律出版社2003年版，第37页。

范适用的对象。[1]通俗地讲就是，作为行为规范，刑法对于什么行为是犯罪、对犯罪应该处以何种刑罚必须作出明白清楚的规定，确切地告诉人们应该做什么、不应该做什么、如果做了不该做的事会有什么样的代价，从而为人们提供行动指南，便于人们合理合法地选择自己的行为；作为裁判规范，刑法的规定必须为法官对于刑事案件的定罪量刑提供准确依据，使得法官不可能作出错误或者主观擅断的判决。

之所以在刑法领域要强调明确性原则，归根结底是人权保障的需要。刑法究竟具有哪些机能理论界观点不一，然而，对其保障人权机能却有着一致共识。所谓保障人权机能，又称保障自由机能，或者简称为保障机能，是指刑法具有限制国家刑罚权的发动、保障个人自由的功能。具体来讲，就是刑法通过明确地将一定的行为规定为犯罪，对该犯罪行为相应规定一定的刑罚来限制国家刑罚权的任意发动，确保对于不构成犯罪的行为不能予以刑罚处罚，对于构成犯罪的行为不能在该犯罪的法定刑以外科处刑罚，使一般国民和罪犯免受法外定罪、法外科刑的灾难。[2]

强调刑法保障人权机能的原因在于，刑罚权属于公权力，是国家统治阶级所垄断的统治权的重要组成部分，本质上具有先天强烈的扩张性与侵蚀性，除非遇到强有力的阻碍，否则便会无限制地

---

〔1〕 参见［意］杜里奥·帕多瓦尼：《意大利刑法学原理》（注评版），陈忠林译评，中国人民大学出版社 2004 年版，第 27～28 页。

〔2〕 参见马克昌：《比较刑法原理——外国刑法学总论》，武汉大学出版社 2002 年版，第 13 页；杨剑波：《刑法明确性原则研究》，中国人民公安大学出版社 2010 年版，第 20 页。

扩张下去；而作为刑罚作用对象之公民的私权利，则具有先天的脆弱性与内敛性，极易受到公权力的侵害。[1]更为重要的是，刑罚相对于其他类型的法律制裁措施而言具有最为严厉的特征，它所限制或者剥夺的都是与公民生存关系最为密切的基本权利，对于其作用对象的影响是极为深刻而剧烈的。所以，必须为国家刑罚权划定明确的界限以防止其任意发动，这是从消极的侧面保障人权的必然选择。从积极方面讲，面对如此严厉的刑罚制裁措施，为了不至于使人们产生不安感，甚至由于惧怕受到刑罚处罚而不敢实施本来合法的行为，就需要事先对犯罪与刑罚作出明确的规定，使人们事先能够预测自己行为的性质和后果，这样就能避免不知道是否会受到刑罚处罚而广泛抑制自己的行为导致的行为萎缩的后果。因而，刑法规范的明确性就成为保障人权机能的直接要求，它"恰如圈定刑法怪兽的藩篱，是控制刑罚权发动的基本手段，是保障公民权利的坚实盾牌"。[2]

三、酌定情节与明确性要求的一致性

通过上文的论述，可以得出这样一个基本结论：刑法规范的表述必须清楚明白，这是罪刑法定之明确性原则的核心要求。那么，

---

〔1〕 参见杨书文：《刑法规范的模糊性与明确性及其整合机制》，载《中国法学》2001 年第 3 期。

〔2〕 杨书文：《刑法规范的模糊性与明确性及其整合机制》，载《中国法学》2001 年第 3 期。

刑法中有关酌定情节的广泛规定是否与这一要求相冲突呢？在本书看来，并非如此。以下拟从明确性要求在刑法规范中的实现路径和明确性原则本身的内容两个角度来解答这一问题。

明确性要求落实到刑法规范中表现为两条路径：一是具体明确，即刑法规范具体描述犯罪成立的条件，详尽规定犯罪的法律后果，毫不含糊地确定罪刑关系的必然性或不可逃避性。我国《刑法》从总则到分则，有关犯罪成立的绝大多数条件以及犯罪的法律后果的规定，都是具体明确的。例如，《刑法》第 226 条强迫交易罪详细规定了构成犯罪的五种行为类型；第 263 条抢劫罪，除规定构成犯罪的基本条件外，还详细描述了八种加重处罚的情形；第 383 条则依据情节轻重对贪污罪的处罚作了详细规定……《刑法》中这样的例子举不胜举。二是抽象明确，或称相对明确，即原则性地对罪刑关系进行概括规定。要求刑法详尽、具体地描述出犯罪成立的所有情形以及每一种情形所应该受到的刑罚处罚，只是一种浪漫主义的美好愿景，现实中只能尽力求之但不可能完全实现，因此刑法规范又多存在概括性的规定。例如，情节犯往往规定“情节严重的”才成立犯罪，至于具体什么情况才是“情节严重”，却没有详细具体的描述；又如，我国《刑法》规定的法定刑基本上都是相对确定的法定刑，即具有一定的选择幅度，但针对某种情形具体需要判处多重的刑罚，并没有详细具体的说明。但是，并不能认为这种概括性的规定不明确，相反，概括性的规定也是明确的，只是抽象明确而非具体明确而已，从某种意义上讲，可以说刑法规范越是抽象越是明确。因为，立法虽然没有具体描述“情节严重”的情形，但是它明确地向我们宣示只有情节严重的才构成犯罪。所有的具体描述都只是有限地列举，倘若立法规定了情节严重的若干具体情形，势必造成人们对具体描述之外的其他情形是否属于情节严重产生困惑，导致刑法规范的不明确。立法虽然没有具体规定什么样的情形对应多重的刑罚，但是《刑法》第 5 条规定的罪责刑相适应原则告诉我们，刑罚的轻重应当与犯罪分子所犯罪行和承担的刑事责任相适应，犯多重的罪就应当判处多重的刑，这是老百姓都认同的再明白不过的道理。也就是说，概括性的规定仅是相对明确的抽象事实，其具体内容要依据《刑法》总则的规定而确定，而《刑法》总则的规定又依赖于民众所认同的情理具体把握。

酌定情节就是上述明确性要求落实在刑法规范中的第二种表现形式，即酌定情节都是相对具体的事实，它并非没有法律规定，而是体现在《刑法》总则和分则有关情节的概括性规定中，也不是不明确，而是抽象明确，其具体内容和功能需要在具体案件中依据情理而确定。例如，犯罪动机，即使将其规定在《刑法》中，也只是相对明确的情节，因为现实案件中的动机可能是良性动机，也可能是恶性动机，还可能是中性动机，同样是恶性动机的情况下，还存在恶劣的程度之分，这些具体情形及其对定罪量刑的影响有待于实践中由法官根据情理而定，而无法由立法一一描述。

就明确性原则本身的内容来讲，大致可以概括为以下四个方面，即刑法规范的成文性、刑法规范的简约性、刑法用语的通俗性以及罪刑关系的确定性，酌定情节与其每一个方面的要求都不冲突。

第一，刑法规范的成文性，即刑法规范必须以成文的制定法为表现形式，习惯法或者判例法只有在制定法以文字形式明确采纳时，才能成为刑法规范的一部分。之所以要求刑法规范的表现形式必须是成文的制定法，是因为只有成文的制定法才有可能做到清楚明确，从而最大限度地保障国民的预测可能性。习惯法不能直接成为刑法的渊源，理由如下：其一，习惯法往往欠缺明确的表达，人们难以据此准确预测自己行为的性质和后果，有违国民预测可能性原理。其二，习惯法往往只适用于特定地域或者人群抑或特定的关系范畴而不具有普适性，有违法的一般性原理。其三，由于习惯法的上述两点特征，决定了它不能起到限制刑罚权的任意发动的作用，不符合刑法的迫不得已性。判例法也不能直接成为刑法渊源，因为如果将其作为刑法渊源就等于溯及既往，即对于作为法源的判决之初见案件而言，行为人实际上是在没有预测可能性的情况下受到了刑罚处罚，因而是不合理的。

酌定情节的具体表现形式虽然没有在刑法规范中一一列举，但是我国刑法关于情节的许多概括性规定，足以体现出酌定情节的成文性。据有学者统计，“情节”一词在我国 1979 年《刑法》中共出现 72 处，在 1997 年《刑法》中共出现 293 处。[1]最引人注目的是我国现行《刑法》第 13 条但书的规定——“但是情节显著轻微危害不大的，不认为是犯罪”。这是“情节”在《刑法》全文中的第一次出现，也是最重要的一次出现，它从统领全局的高度使我国

〔1〕 参见高维俭：《罪刑辩证及其知识拓展》，法律出版社 2010 年版，第 114 页。

《刑法》对犯罪概念的规定更加精确完美。除此之外,《刑法》总则中有关情节的比较重要的规定还有第 37 条非刑罚性处罚措施的规定、第 52 条确定罚金数额的根据规定、第 53 条罚金缴纳过程中的变更规定以及第 61 条量刑根据、第 63 条第 2 款酌定减轻处罚的规定,等等;分则中的情节规定就太普遍了,可以分为两种典型类型,一种是作为犯罪成立条件的情节,另一种是作为调整法定刑幅度的情节。这些有关"情节"规定的内容中当然有酌定情节的一席之地,甚至可以说主要就是酌定情节,因为一个刑事案件可能没有法定情节,但是酌定情节却是普遍存在的。因而,酌定情节的存在符合刑法规范的成文主义要求。

第二,刑法规范的简约性,即刑法规范的数量必须少。倘若为了追求明确而试图详细列举某种犯罪行为所有可能出现的情形,非但不能达到明确的目的,反而可能因为社会现实的变化不居留下更多的法律漏洞,促使人们不得不采用破坏法律确定性的方法来解释法律,国民的权力自由同样得不到保障。

将酌定情节引入《刑法》条文,恰恰有助于实现刑法规范的简约性,或者说是刑法规范简约性的必然要求。关于这一点张明楷教授有一段贴切的论述,即"现实生活中有许多行为,虽然在一般情况下其社会危害性还没有达到应受刑罚处罚的程度,却又难以通过强调犯罪构成的某一方面的具体内容或者增加某一具体要素来使之达到这种程度,或者不能预见所有情节严重的情况而无法做出具体规定,或者虽能预见但需做冗长的表述,使《刑法》丧失简短价值,于是立法者作出一个综合性规定,'情节严重'便认定为犯罪，否者不以犯罪论处”。[1]这里所说的“情节”当然包括酌定情节，而且不仅限于区分罪与非罪的“情节严重”与否的规定是出于上述原因，所有影响定罪量刑的酌定情节规定都是同样的道理。

第三，《刑法》用语的通俗性，即刑法规范所使用的语言必须通俗易通，使得“从最伟大的哲学家到最普通的公民都能一眼看明白”。《刑法》是一种普适性的法律规范，是针对所有人制定并要求所有人都必须遵守的行为规范，只有避免晦涩难懂、故作深奥，使用通俗易懂的语言，才能使人们易于理解和接受，从而知所避就。

那么，酌定情节在刑法规范中的存在是否符合通俗性呢？这就要看立法者对酌定情节的规定以及执法者对它的理解和适用是否能让一般人理解和接受。从我国《刑法》总则第13条关于犯罪概念的规定以及分则各罪条文的表述来看，《刑法》只是将危害社会情节严重的行为纳入犯罪的范畴，对于情节不严重、危害不大的行为则留待其他法律规范调整，同时《刑法》分则中的罪名往往根据不同的情节设置不同的法定刑，即情节较重的重罚、情节较轻的轻罚、情节不重的不罚。刑事立法的这种逻辑正是遵循一般民众所普遍认同的基本知识、基本伦理和基本感情（常识、常理、常情）所作出的当然选择。

这里首先以虐待罪为例，根据我国《刑法》第260条的规定，

---

〔1〕 张明楷：《刑法分则的解释原理》，中国人民大学出版社2004年版，第224页。

虐待家庭成员，只有情节恶劣的才构成犯罪，这正是从一般民众的家庭观念、基本伦理、基本情感出发的立法规定。“家家有本难念的经”，家庭成员之间应该互相关爱、互相扶持，但是长期生活在一起又难免产生摩擦，例如，夫妻之间因琐碎小事滋生矛盾，吵架生气愈演愈烈，最终性情暴躁的丈夫因无法忍受妻子没完没了的唠叨而动手打了妻子一巴掌，妻子一时恼怒就去法院告了丈夫。如果当真判定丈夫构成虐待罪，最终恐怕去“告状”的妻子都不会接受。

又如，最高人民法院、最高人民检察院《关于办理盗窃刑事案件适用法律若干问题的解释》第 8 条规定：“偷拿家庭成员或者近亲属的财物，获得谅解的，一般可不认为是犯罪；追究刑事责任的，应当酌情从宽。”这是因为这种行为仍然在社会一般民众的基本情感所能容忍的范围内。相反，如果盗窃的是社会上生活无依无靠的残疾人、孤寡老人或者丧失劳动能力人的财物，只要财物价值接近“数额较大”的起点，就可以追究刑事责任。这是因为此种行为除侵害了被害人的权利，对被害人的生活造成严重影响外，还触犯了社会一般民众认同的基本伦理、基本情感所能容忍的底线。

以上例子表明，我国《刑法》中酌定情节的规定和司法适用是普通老百姓所共同认可的基本价值观念、基本是非标准和基本伦理要求的反映，因而是通俗易懂的。

第四，罪刑关系的确定性，具体而言就是刑法规范必须对什么是犯罪、对犯罪应处什么刑罚作出明确规定。《刑法》是规定犯罪与刑罚的适用标准的法律规范，犯罪与刑罚是刑法规范内容的核心，只有犯罪与刑罚标准明确，才能在适用过程中真正有法可依，做到定罪准确、量刑适当。具体来讲，罪刑关系的确定性包括罪的明确性和刑的明确性两个方面的内容。所谓罪的明确性，是指刑法规范对犯罪的规定必须明确，亦即刑法规范应当对什么是犯罪以及犯罪成立的条件给予明确规定。所谓刑的明确性，指的是与犯罪相对应的法定刑必须明确，包括刑罚种类的明确和刑罚幅度的明确。

就与酌定情节的相关性而言，在罪的明确性方面，我国《刑法》总则中第 13 条但书规定“但是情节显著轻微危害不大的，不认为是犯罪”，《刑法》分则中则存在许多条文规定某行为只有“情节严重”“情节恶劣”才能成立犯罪，例如，《刑法》第 252 条规定，隐匿、毁弃或者非法开拆他人信件，侵犯公民通信自由权利，情节严重的，才成立侵犯通信自由罪；《刑法》第 255 条规定，公司、企业、事业单位、机关、团体的领导人，对依法履行职责、抵制违反《会计法》《统计法》行为的会计、统计人员实行打击报复，情节恶劣的，才成立打击报复会计、统计人员罪；等等。或许有人会认为，这些在罪与非罪的条件中包含酌定情节的规定，不利于人们准确把握罪与非罪的界限，因而是不符合明确性原则的要求的。但本书对此持反对意见，具体分析如下：

首先，《刑法》第 13 条但书的规定是为了向我们表明被《刑法》纳为犯罪而禁止的行为仅是情节严重、危害严重依照法律应当受到刑罚处罚的行为，而不包括情节显著轻微危害不大的行为，以防止执法人员不分情节轻重、不论危害大小误将前半段规定的所有危害社会的行为都认定为犯罪。因而,《刑法》第 13 条但书的内容是对其前半段内容的补充,其目的是使前半段的意思更加明确。如果说前半段的内容是从积极方面规定了什么是犯罪,但书的内容即是从消极方面强调了什么不是犯罪,两个方面的结合,更加清楚、准确地界定了犯罪的概念。所以,《刑法》第 13 条但书的酌定情节成分使人们对犯罪概念的认识更加清晰,符合明确性原则的要求。

其次,《刑法》分则罪状的表述中使用"情节严重""情节恶劣"的概括规定同样不违反明确性原则。理由是:

第一,行为样态的复杂性决定了罪状表述的模糊性。行为的社会危害性具有复杂多变的特点,即同一行为会因为时间、地点、环境、条件的不同而呈现不同的样态,其社会危害性的有无和大小也会随之而变化。犯罪的情节同样包含着诸多复杂因素,这些因素对于行为社会危害性的影响也会不断地发生变化,刑法规范面对这些动态、变化的犯罪情节难以作出精确的描述,相反,只能采用"情节严重"之类的概括表述才能适应不断变化的形势。

第二,模糊性不等于含混性。诚然,"情节严重"之类的规定具有一定的模糊性,然而,模糊性不等于含混性。含混性,即模棱两可甚至多可,意味着所表达的信息是不确定的,人们据此可以作出截然相反的理解。然而,模糊性却绝非如此。"模糊思维方式可以达到精确表达的效果。自然语言在语词、语义和语法等方面都带有强烈的模糊特征,但它能准确地表达和交流思想。文学家用模糊语言进行描述,足以准确揭示社会生活的本质和人类复杂的心理。科学家通过模糊思维充足瞬间直觉和记忆中的知识，能使思路触类旁通，顿开茅塞，使科学探索在‘山重水复疑无路’之际，又得独创之新天地。”〔1〕刑法规范“情节严重”之类的规定为我们指明了独一无二的方向，明确表达了刑法的立场，即只有危害社会情节严重的行为才能被认定为犯罪，情节轻微的行为绝对不能纳入犯罪。

第三，明确性不等于具体性。明确性要求对刑法规范作出清楚、准确的表述，但并不意味着进行详细、具体的规定。一方面，这是因为社会现实总是超越立法者的预见能力因而立法者不可能穷尽所有行为样态作出绝对具体的规定；另一方面，过于具体的规定反而会留下法律的漏洞或者造成条文之间过多的交叉和重叠，前者会导致一些应当作为犯罪处理的行为因“法无明文规定”而不能以犯罪论处，后者则会导致法律适用时的选择困难，反而违背了明确性原则的主旨。而“情节严重”之类的规定则有效地避免了这样的缺陷。事实上，正如张明楷教授所言，立法者将情节严重作为犯罪成立的条件，“并不是因为他们没有认真考虑各种具体事实，相反，正是因为考虑到各种具体犯罪事实，又认识到各种复杂事实不可能具体描述，所以采用‘情节严重’的规定。”〔2〕

而在刑的明确性方面，我国《刑法》分则的许多条文通常根据不同的情节规定不同的法定刑：有的条文首先规定基本犯（一般

---

〔1〕 李晓明：《模糊性：人类认识之谜》，人民出版社 1985 年版，第 31 页。转引自张明楷：《刑法分则的解释原理》，中国人民大学出版社 2004 年版，第 228 页。

〔2〕 张明楷：《刑法分则的解释原理》，中国人民大学出版社 2004 年版，第 228 页。

情节）的法定刑，然后规定“情节严重”的法定刑，或者再规定“情节特别严重”的法定刑；有的条文首先规定基本犯的法定刑，然后规定“情节较轻”的法定刑；等等。本书认为，这同样不违背明确性原则的要求。理由很简单，其一，立法者不可能预见所有影响法定刑升格或降格的情形，如果一味追求具体描述势必形成遗漏，导致一些同样应当升格法定刑的情形却未被列入而造成处罚的不公平，有违罪刑相适应原则。其二，即便能够穷尽法定刑档次的所有情形，倘若用大量的文字一一列入条文，也必然会损害《刑法》条文的简约性，同样背离了明确性原则的初衷。[1]其中道理与上述罪的明确性相同，此处不再赘述。

以上分析充分说明酌定情节与罪刑法定原则的明确性要求完全一致。

---

〔1〕 参见张明楷：《刑法分则的解释原理》，中国人民大学出版社2004年版，第238～239页。

— 第五章 —

酌定情节的分类

分类是认识事物的重要方法，将看似杂乱无章的事物按照一定的标准进行归纳整理，可以细化对事物的认识，进而更有效地展示事物的功能和价值。通过本书第一章的研究我们明确了酌定情节的内涵，然而酌定情节的外延却是十分宽泛乃至无限的，以致立法上不便明列、实践中无法穷尽，这在一定程度上增加了把握和运用的难度。因此，为了进一步深化对酌定情节的认识，有必要对其外延进行分类研究，从不同的角度按照不同的标准对其进行归纳整理，以期为实践中更有效地认识和运用酌定情节提供可参考的路径。分类之前需要先进行两点说明：一是依据不同的标准对酌定情节作出分类只是从不同角度对酌定情节的多维认识，由于认识对象的同一性，即便分类标准不同，其具体内容也难免会有交叉。二是借助每种分类标准所展现出来的酌定情节的表现形式就类型而言是完整的，但就具体内容而言都只是有限的列举或例示，或者仅就常见的酌定情节加以说明以触类旁通，酌定情节的具体内容是无法穷尽的。

第一节　根据体现社会危害性角度的分类

前文在论述酌定情节的概念时已经分析，酌定情节的本质是能够体现行为的社会危害性程度的事实，行为的社会危害性又具体展现为客观危害、主观恶性和人格缺陷三个侧面。按照酌定情节属于体现行为社会危害性本质的不同方面，可以将酌定情节划分为体现行为客观危害程度的酌定情节、体现行为人主观恶性程度的酌定情节和体现行为人人格缺陷程度的酌定情节。

一、体现行为客观危害程度的酌定情节

如前文所述，客观危害是指行为对社会造成实际损害或者具有造成实际损害的现实危险。它既包括实际损害，也包括造成实际损害的现实危险；既包括有形的物质损害，如将人杀死，剥夺其生命权，将物毁坏，破坏物质所有权，也包括无形的精神危害，如损害人格和荣誉、破坏国家机关的正常活动，以及对社会公众造成心理恐慌，等等。客观危害是行为的社会危害性的客观显示，也是社会遭受侵害的现实体现。能够体现行为客观危害程度的常见酌

定情节主要涉及以下几个方面。

（一）犯罪的手段、方式

犯罪的手段、方式是现实生活中犯罪分子实施犯罪所不可缺少的因素，它与行为所造成的客观危害程度密切相关，当特定的手段、方式不是犯罪的构成要件时，犯罪手段、方式就成了影响定罪量刑的酌定情节。定罪量刑中对犯罪手段、方式的评价应着重从以下三个方面入手：其一，看犯罪人采取的手段是否凶残、狡诈、野蛮，例如，同样是故意杀人行为，使用暴力手段杀人与采用平和手段杀人相比，前者所造成的客观危害往往更大。其二，看手段凶残、狡诈、野蛮的程度，例如，同样是采用暴力手段的故意杀人行为，割剐数刀将被害人折磨而死较之一刀毙命手段更为凶残，对社会公众造成的心理恐惧更严重。其三，看犯罪的方式是积极的作为方式还是消极的不作为方式，我国《刑法》分则所规定的许多犯罪既可以作为的方式实施也可以不作为的方式实施，我们通常称其为不纯正不作为犯，对于不纯正不作为犯，一般来说，采用作为的方式实施要比不作为的方式的危害要重，因为相比而言，作为者比不作为者投入的犯罪力量更足，更具有侵害性。例如，养母在寒冷的冬季以不给棉衣穿的不作为方式虐待养女，显然不及通过强行把养女身上的棉衣脱掉的作为方式来虐待养女，对养女身心健康造成的伤害更大。

犯罪的手段、方式在司法实践中的运用十分常见，例如，在索某平故意伤害案[1]中，被告人索某平明知其父年事已高且体弱多病，平时仍然对之动辄打骂，甚至不给饭吃，案发当天被告人在其父背部连续踢了十几脚，造成其父背部大面积淤血，且致脾破裂出血，最终其父因失血过多休克死亡。法院判决认为，被告人多次连续踢踹并追打被害人，且踢踹的力度很大，才导致被害人背部大面积皮下淤血，脾破裂，致使被害人死前经受了剧烈疼痛，犯罪手段特别残忍，情节特别恶劣。

（二）犯罪造成的危害结果

危害结果的轻重有无在通常情况下都能够表现犯罪行为对犯罪客体造成实际损害的程度，因而是衡量客观危害的重要指标，对定罪量刑具有重要的参考价值。例如，在财产、经济性犯罪中，造成损失的数额多少，直接反映了客观危害的大小；又如，在故意伤害罪中，轻伤、重伤、严重残疾内部还存在等级之分，不同的等级体现不同程度的客观危害。值得说明的是，根据与犯罪行为关系的远近，危害结果又有直接结果和间接结果之分，直接结果是犯罪行为直接造成的损害，间接结果是因犯罪行为间接引起的损害，同等条件下，直接结果对客观危害的说明力比间接结果要大。例如，在外地找工作的某甲因自己仅有的1000元被盗，走投无路而跳楼自杀身亡。本案中1000元被盗的经济损失是盗窃犯罪的直接结果，被害人某甲因此自杀身亡是盗窃犯罪的间接结果，二者都是影

---

〔1〕 参见《索某平故意伤害案［第524号］——故意伤害致死尊亲属的如何量刑》，载《刑事审判参考》总第66集。

响本案定罪量刑的酌定情节，然而，虽然被害人自杀是相当严重的损害结果，但因其非由盗窃行为所直接造成，所以不能完全无视盗窃 1000 元损失数额较小这个直接结果而量刑过重。依据最高人民法院、最高人民检察院《关于办理盗窃刑事案件适用法律若干问题的解释》第 2 条第 8 项的规定，因盗窃造成严重后果可以追究刑事责任，必须以盗窃公私财物的数额达到一般追诉标准的 50% 为前提，此规定正是出于直接结果和间接结果对客观危害的说明力存在差异的考虑。应当注意的是，特定的危害结果在有些犯罪中可能被作为成立犯罪的必要条件之构成要件的内容，该特定危害结果不能再视为酌定情节，但是倘若此危害结果还有具体的程度之别，那么其具体程度仍然是影响定罪量刑的酌定情节。如过失致人重伤罪，其重伤结果就是成立该罪的构成要件的内容，此时重伤结果就不能再作为酌定情节影响该罪的定罪量刑，但是由于重伤内部又存在具体的程度之分，因而重伤的具体程度还可以在定罪量刑中加以考虑。

危害后果是司法实践中常见的酌定情节，例如，在周某某强奸案[1]中，周某某身为人民教师，却不修师德，利用师生关系，以言语威胁等胁迫手段对被害人万某实施奸淫，自万某年仅 11 岁开始，时间长达 2 年 7 个月，犯罪次数多，犯罪地点包括学校、万某的家中和周某某的家中等地，并有多次是趁万某父母在家中另一房间看电视时，在万某房间实施奸淫，且致万某怀孕、感染性病。

---

〔1〕 参见周某某强奸案——对奸淫幼女“造成其他严重后果”的情节认定，人民法院案例库参考案例（入库编号：2023-02-1-182-008）。

同时，周某某的强奸行为本就使万某及其父母悲愤交加，周某某又在事情败露后百般狡辩、推卸责任，最终导致被害人父母自杀。法院裁判认定被告人周某某奸淫不满 14 周岁幼女的行为已构成强奸罪，周某某利用师生关系长期多次奸淫年幼女学生，致被害人怀孕、感染性病，情节恶劣，并造成被害人父母因悲愤交加而自杀身亡的严重后果，社会影响极坏，罪行极其严重，依法判处周某某死刑。

（三）犯罪的对象

犯罪对象是指犯罪行为所指向的人或物。人或物总是呈现为一定的状态而存在，犯罪对象的存在状态即为犯罪的客体，犯罪就是行为人控制或者应当控制一定的条件作用于特定的人或物并改变人或物的存在状态的过程。因而，犯罪对象是犯罪客体的载体，作为犯罪对象的物或人不同意味着犯罪客体状况的差异，反映出行为造成的客观危害的不同。关于物的存在状态，例如，盗窃抢险、救灾物资的客观危害大于盗窃一般公私财物的客观危害，因为虽然实际上都是公私财物，但是前者处在用于或者即将用于抢险、救灾，救民于水火，避免或挽回公私财产损失，维持灾民生活，保障社会稳定的紧急状态，而后者只是处于确保公私利益的一般状态。关于人的存在状态，例如，故意伤害残疾人、孤寡老人以及怀孕妇女、儿童的客观危害比故意伤害普通人的客观危害大，同样是因为一般而言前者处于相对弱势状态，在自我保护能力上不及其他人。

将不同的对象作为认定犯罪、裁量刑罚的酌定情节是否违背宪法确认的“平等”原则呢？当然不违背。这里可以援引陈忠林教授关于“平等”问题的法律解读来回答这一质疑。陈忠林教授认为，在法学领域，“平等”具有两个方面的含义：一方面，是指人们在确立、实现自己法律权利、义务过程中的地位（权利或机会）的平等；另一方面，是指任何人依法享有的相同权利都应该受到同样的保护，任何人违反自己所承担的法律义务都应该同样受到制裁。第一个方面的含义是人们在制定、执行以及适用法律的全部过程中的地位平等，此为实质意义上的平等。但是，实质意义上的平等必须以人们在现实生活中经济、社会地位真正平等的完全实现为前提，它是人类社会存在的理想状态和全人类永恒追求的目标。第二个方面的含义仅指法律适用过程中的平等，它是形式意义上的平等，是一种包括承认甚至确认现实中人与人之间在政治、经济、社会权利等方面实质不平等为内容的法律面前的平等，这一意义的“平等”是“法”的固有之意，维护这一意义的“平等”是法最基本的功能。人类社会的政治法律发展史，从根本上说，就是这两种不同意义的“平等”不断融合、相互接近的历史。不断地将法学意义上平等的理想态转化为法律所维护的平等的现实态，在法律所维护的现实中不断地增加、扩大人类实质平等的理想内容，不断地将形式平等转变为实质平等，这既是历史发展的必然规律，也是现代法治国家的基本任务。〔1〕由此可见，针对不同犯罪对象的侵害

〔1〕 参见陈忠林：《刑法面前人人平等原则——对〈刑法〉第4条的法理解释》，载《现代法学》2005年第4期。

体现出不同的客观危害程度，进而在定罪量刑中存在差异，是对现实中人或物存在状态的客观差异性的尊重，是一种实质意义上的平等。

（四）犯罪的时空条件

犯罪的时空条件是指犯罪发生的时间、地点、环境条件以及犯罪所处的形势。任何犯罪都是发生在一定的时空条件内的，犯罪行为的客观危害也总是在特定的时空条件中表现出来，没有不受所处的时空条件特征制约的客观危害。犯罪的时空条件从小的方面说就是犯罪发生的时间、地点和环境条件，从大的方面说还包括犯罪所处的社会政治形势、经济形势、治安形势以及战争、瘟疫、流行病、自然灾害等特殊形势。犯罪的客观危害程度总是会随着时空条件的改变而变化，同样的行为发生在不同的时空条件下所产生的客观危害就会不同。换言之，时空条件对行为的客观危害程度乃至社会危害性的大小有无有着直接的影响，甚至决定着犯罪的废、改、立。即随着时空条件的变化，当某种行为由具有社会危害性变为不具有社会危害性或者达不到应受刑罚惩罚程度的时候，就要废除相应的法律规定，不能再作为犯罪对待；当某种行为的社会危害性程度整体减弱或者增强的时候，就要修改相应的法律规定，以确保罪刑相适应；当某种行为由不具有社会危害性或者不具有应受刑罚处罚的社会危害性变为具有应受刑罚处罚的社会危害性的时候，就要将其纳入《刑法》规定为犯罪。例如，我国1979年《刑法》规定有伪造或者倒卖计划供应票证罪，是因为在当时经济不够发达的计划经济体制下，这种行为严重破坏了物品的计划供应，具有应受刑罚处罚的社会危害性，而随着社会主义市场经济体制的建立和发展，物资供应充足，计划供应制被取消，1997年修订《刑法》时遂将该罪废除。又如，损害商业信誉、商品声誉以及虚假广告行为，在计划经济时代社会危害性都不严重，但是到了市场经济条件下，却是对社会主义市场经济秩序的严重破坏，因而在1997年《刑法》中被规定为犯罪。[1]通过以上例子，犯罪的时空条件对行为的客观危害乃至社会危害性程度的影响可见一斑。

然而，一方面，法律需要保持一定的稳定性，不可能朝令夕改；另一方面，《刑法》也不可能穷尽规定所有的时空条件，因而还需要在实践中对犯罪的时空条件予以高度重视，区别情况恰当运用。例如，发生于白天的闹市区的抢劫行为，其客观危害就比发生于夜间的偏僻处的抢劫行为要大，正因如此，《刑法》已经把入户抢劫、在公共交通工具上抢劫规定为抢劫罪加重处罚的情节。又如，在发生了地震、洪水等自然灾害的紧急时期实施盗窃、抢劫，对民众心理的伤害和对社会稳定的破坏程度都要重于发生在正常时期的行为。再如，在突发瘟疫、传染病时期非法行医造成传染病交叉感染的客观危害比发生在平时要大；同样道理，在政治形势紧张、经济形势严峻、治安形势较差的时期，实施破坏政治稳定、损害经济健康、恶化治安状况的犯罪，其客观危害也会重于正常时期。

关于犯罪的时空条件在司法实践中的运用，例如，在叶某新赌

---

〔1〕 参见高铭暄、马克昌主编：《刑法学》，中国法制出版社2007年版，第49～50页。

博案[1]中，被告人叶某新以营利为目的，聚众赌博，抽头渔利，其行为已构成赌博罪，同时，叶某新聚众赌博的行为系在新冠疫情防控期间在麻将馆实施，麻将馆空间狭小、人员聚集、通风设施差，容易传染病毒，不利于疫情防控，因而各地在疫情防控期间都严格禁止聚众打牌、打麻将等行为。被告人无视疫情防控特殊时期的禁令规定，在麻将馆内聚众赌博，不仅破坏了社会管理秩序和社会文明风尚，同时增加了疫情传播风险，相比于平时的赌博行为，社会危害性更大，法院判决予以从严惩处。

二、体现行为人主观恶性程度的酌定情节

常见的能够直接体现行为人主观恶性程度的酌定情节主要表现在以下几个方面。

（一）犯罪的动机

犯罪动机是刺激、促使行为人实施犯罪行为的内心起因，它说明的是犯罪人基于何种心理原因实施犯罪行为。动机的作用在于发动犯罪行为，意味着实施犯罪行为对行为人的心理愿望所具有的意义。[2]犯罪动机能直接反映犯罪分子的主观恶性，行为人实施犯罪的动机不同，反映行为人主观恶性的程度就不同。动机有

---

〔1〕 参见《叶某新赌博案［第1331号］——疫情防控期间聚众赌博的，应从严惩处》，载《刑事审判参考》总第121集。

〔2〕 参见刘建清：《犯罪动机与人格》，中国政法大学出版社2009年版，第15页。

恶性动机和良性动机之分，恶性动机反映了行为人主观恶性程度提高，良性动机反映了行为人主观恶性程度降低。前者如出于贪图享乐而盗窃、出于打击报复而杀人，后者如因生活困难、饥寒交迫而盗窃、基于义愤而杀人。前者对定罪量刑起着"正作用"，即说明行为"罪"的一面，或者"罪重"的一面，后者对定罪量刑起着"逆作用"，即说明行为"非罪"的一面，或者"罪轻"的一面。[1]例如，在关某艺盗窃案[2]中，关某艺被苏某的泽声公司拖欠业务款7000余元，关某艺追讨未果而将误认为属于泽声公司的财产——价值25,000元的茶几盗走抵债。法院判决认为，关某艺是因为苏某拖欠其业务款而将误以为是苏某的财物取走抵债，动机情有可原，主观恶性较低，犯罪情节轻微，应当依法从轻处罚。我国司法解释有多处对恶性动机、良性动机的不同作用予以肯定，例如，1999年10月发布的最高人民法院《全国法院维护农村稳定刑事审判工作座谈会纪要》在关于盗窃案件部分谈道："确因生活困难而实施盗窃犯罪……应当注意体现政策，酌情从轻处罚。"2010年4月发布的最高人民法院刑三庭《在审理故意杀人、伤害及黑社会性质组织犯罪案件中切实贯彻宽严相济刑事政策》中指出："有的案件犯罪动机特别卑劣，比如为了铲除政治对手而雇凶杀人的，也有一些人犯罪是出于义愤，甚至是'大义灭亲'、'为民除害'的动

〔1〕 参见王勇：《定罪导论》，中国人民大学出版社1990年版，第145页。

〔2〕 参见《关某艺盗窃案[第1012号]——误将非债务人的财物作为债务人的财物加以盗窃的如何定性以及刑事审判中民事纠纷的基础事实严重影响到量刑的是否有必要审查确认》，载《刑事审判参考》总第99集。

机杀人……以上犯罪动机卑劣……又无其他法定或酌定从轻情节应当依法从重判处。”

（二）犯罪目的

犯罪目的是指直接故意犯罪中行为人希望通过实施犯罪来实现的结果。由于犯罪目的只存在于直接故意中，间接故意和过失不可能存在犯罪目的。所以犯罪目的也是区分直接故意和间接故意的标志之一。从理论上讲，直接故意是积极追求危害结果的发生，而间接故意对危害结果的发生与否持放任态度，发生亦可不发生亦可，所以直接故意体现出的主观恶性比间接故意大。故存在犯罪目的的犯罪，当目的不是犯罪的构成要件要素时，可以视为体现主观恶性大小的酌定情节，影响着定罪和量刑。例如，在任某文拐骗儿童案〔1〕中，被告人任某文在山东省某地租赁房屋准备经营包子店后，专程前往四川省凉山彝族自治州招募儿童，利用当地交通不便，信息相对闭塞，民众思想单纯等客观条件，欺骗儿童家长或者监护人，以寄养为名，实为使儿童脱离家庭到其包子店打工，主观上具有拐骗儿童供其役使的犯罪目的，法院裁判认为其目的具有社会危害性，构成犯罪。

（三）反映过失程度的酌定情节

同为过失犯罪的情况下，过失也有轻重程度之分，体现出行为

---

〔1〕 参见《任某文拐骗儿童案[第999号]——采取欺骗方式使儿童脱离家庭以供役使的行为如何定性》，载《刑事审判参考》总第98集。

人的主观恶性也有大小之别。一般情况下疏忽大意的过失比过于自信的过失的过失程度更重、主观恶性更大，因为疏忽大意的过失表明行为人对刑法所保护价值的懈怠，即行为人根本就没有关注到刑法所保护的价值和要防止的危害结果；而过于自信的过失表明行为人对刑法所保护价值的关注和尊重，即行为人轻信能够避免危害结果，说明行为人不希望也不相信危害社会结果的发生。

（四）犯罪的起因

犯罪的起因是犯罪发生的外在原因。犯罪的起因与上述犯罪的动机有一定的相似之处，它们都是促使犯罪发生的原因，但又存在不同，犯罪动机是促使行为人实施犯罪行为的内心起因，它说明的是犯罪人实施犯罪的内在心理原因，这种心理原因源于行为人自身；而犯罪的起因是促使犯罪发生的外在客观原因，这种客观原因既可能源于行为人自身，如出于一己私利，也可能源于行为人之外，如他人引诱的原因。犯罪的不同起因也能展现出不同的主观恶性程度。例如，犯罪人是在他人教唆、刺激或者引诱、挑拨的情况下实施犯罪比纯粹是出于私欲、损人利己或者经过精心策划、长时间计划的情况下实施犯罪的主观恶性程度要小。

在犯罪起因中有一种比较常见的类型就是被害人过错。所谓被害人过错，是指被害人出于主观上的故意或过失，诱发犯罪人的犯罪意识、激化犯罪人的犯罪程度的行为。被害人的过错往往是加害人的犯罪动机产生的诱因，因而表明犯罪人的主观恶性较小。

被害人与犯罪人在特定的犯罪语境中是一对对立互动的矛盾

统一体。一般情况下,犯罪人对被害人的侵害程度,决定着其自身行为是否构成犯罪、应当受到刑罚处罚的轻重程度乃至刑罚执行中特殊制度的运用;同时,被害人自身的过错也会影响犯罪嫌疑人的行为是否构成犯罪、处罚轻重以及刑罚执行方式的运用。被害人过错在许多国家的刑法中都以专门的条文规定为法定从宽处罚的情节,例如,《俄罗斯联邦刑法典》第 61 条将"由于受害人的行为不合法或不道德而实施犯罪"规定为"减轻刑罚的情节"之一。〔1〕《德国刑法典》第 213 条规定:"非行为人的责任,而是因为被害人对其个人或家属进行虐待或重大侮辱,致行为人当场义愤杀人,或具有其他减轻情节的,处 1 年以上 10 年以下自由刑。"比一般的非谋杀故意杀人情形的法定刑(5 年以上自由刑)要轻得多。〔2〕我国《刑法》没有把被害人过错规定为法定从宽情节,但是司法解释并没有将其忽略,如 1999 年 10 月 27 日最高人民法院发布的《全国法院维护农村稳定刑事审判工作座谈会纪要》中即提出,在故意杀人、故意伤害案件中,"对于被害人一方有明显过错或对矛盾激化负有直接责任,或者被告人有法定从轻处罚情节的,一般不应判处死刑立即执行"。这一规定说明"被害人过错"与法定的从轻处罚情节具有等效的作用。例如,在贾某芳故意杀人案〔3〕中,被告人贾某芳同被害人高某亮系夫妻关系,法院裁判认

〔1〕 俄罗斯联邦总检察院编:《俄罗斯联邦刑法典释义》,黄道秀译,中国政法大学出版社 2000 年版,第 147 页。

〔2〕《德国刑法典》,徐久生、庄敬华译,中国法制出版社 2000 年版,第 161 页。

〔3〕 参见《贾某芳故意杀人案[第 362 号]——在被害方有明显过错的杀人案件中对被告人一般不应判处死刑立即执行》,载《刑事审判参考》总第 46 集。

为被害人高某亮生前常借故用烟头烫被告人，因琐事将贾某芳按在开水锅边烫伤、酒后无故将贾某芳的肋骨打成骨折等。同时高某亮还与一些社会女青年有不正当的性关系，对贾某芳造成身心伤害，并在其内心埋下了怨恨。更为恶劣的是，案发时高某亮竟当着被告人的面公然将女青年陈某红带回家中不法同居，并逼被告人深更半夜另去他处休息。这就使得本已紧张的夫妻关系更为恶化，夫妻矛盾进一步激化，并爆发猛烈的争吵。同时，本案另一被害人陈某红，明知高某亮为有妇之夫，仍与高某亮当着被告人的面公然非法同居。在高某亮夫妇为此发生激烈争吵时，其不是息事宁人，反而仍与高某亮进里屋同居，根本无视被告人的感受。法院裁判认为二被害人在本案起因上均有明显的过错，是引发被告人贾某芳在激愤状态下起意杀人的主要原因，并作为量刑情节予以认定。

三、体现行为人人格缺陷程度的酌定情节

人格缺陷是行为人人格中存在的对刑法所保护的价值的敌视、蔑视、漠视的价值缺陷。犯罪行为就是这种人格缺陷的集中表现，正是这种人格上的缺陷支配着犯罪人甘冒受刑罚惩罚的危险而实施违反刑法的行为。而人格缺陷并不是瞬间形成的，往往需要一个发展变化的过程，人格缺陷的展现集中于犯罪实施过程中，延伸于犯罪完成后。以下两个方面的酌定情节都是行为人人格缺陷最直接的反映。

（一）行为人犯罪前的一贯表现

行为人犯罪前的一贯表现既是人格缺陷的形成过程，也是其直接体现。如果行为人一贯遵纪守法、表现良好、从事正当职业，只是偶尔失足突发犯罪，说明行为人的人格缺陷程度不高，定罪量刑时可以从宽处理。相反，如果行为人平时不务正业、一贯蔑视法律，存在前科劣迹，甚至经常违法犯罪，则说明其人格缺陷程度很大，定罪量刑时应予以从严处理。例如，在邓某建故意杀人案〔1〕中，被害人李某兰长期遭受病痛折磨，多次产生轻生念头并请求邓某建帮助其自杀。李某兰共生有四名子女，但其一直是与邓某建共同生活，并仅由邓某建照料和负责医治。特别是李某兰患有脑中风等疾病导致其生活基本不能自理20多年来，邓某建始终悉心照料，其是在李某兰多次请求下，出于为李某兰解除疾病痛苦，才顺从了李某兰的请求，其情可悯。在众亲友和邻居眼中，邓某建是一名“孝子”。法院综合评价，邓某建主观恶性和人身危险性不大，认定邓某建的行为属于故意杀人罪中的“情节较轻”。

（二）行为人犯罪后的表现

行为人犯罪后的表现既包括犯罪后的态度，也包括犯罪后的行为。行为人犯罪后，对其犯罪行为所持态度如何直接反映了其

---

〔1〕 参见《邓某建故意杀人案[第810号]——对直系亲属间帮助自杀的行为如何定性处罚》，载《刑事审判参考》总第89集。

人格缺陷的大小。例如，行为人在犯罪后拒不认罪，杀人灭口，毁尸灭迹，隐匿罪证，不以为意，威胁被害人、检举人，逃避法律制裁，等等，表明其人格缺陷较大，定罪量刑时就应该从严把握。反之，如果行为人犯罪后真诚悔过、积极退赃、主动赔偿损失、主动与被害人和解、积极配合司法机关查明案件事实，则反映出其人格缺陷程度较低，定罪量刑时应视情况从宽对待。

例如，在张某某、金某危险驾驶案[1]中，被告人张某某、金某相约驾驶摩托车出去体验大功率摩托车的刺激感，约定"陆家浜路、河南南路路口是目的地，谁先到谁就等谁"。随后，由张某某驾驶无牌大功率二轮摩托车（经过改装），金某驾驶套牌大功率二轮摩托车（经过改装），从上海市浦东新区乐园路 99 号车行出发，行至杨高路、巨峰路路口掉头沿杨高路由北向南行驶，经南浦大桥到陆家浜路下桥，后沿河南南路经复兴东路隧道、张杨路回到张某某住所。全程 28.5 公里，沿途经过多个公交站点、居民小区、学校和大型超市。在行驶途中，二被告人驾车在密集车流中反复并线、曲折穿插、多次闯红灯、大幅度超速行驶。当行驶至陆家浜路、河南南路路口时，张某某、金某遇执勤民警检查，遂驾车沿河南南路经复兴东路隧道、张杨路逃离。二人驾车多处路段超速达 50% 以上，给公共交通安全造成危险，足以威胁他人生命、财产安全，故可以认定二被告人追逐竞驶的行为属于危险驾驶罪中的"情节恶劣"。被告人张某某被抓获到案后，如实供述上述事实，并向公安机关提供被告人金某的手机号码。金某接公安机关电话通知后

---

〔1〕 参见张某某、金某危险驾驶案，最高人民法院指导案例 32 号（2014 年）。

主动投案,并如实供述犯罪事实。法院审理认为被告人张某某到案后如实供述所犯罪行,依法可以从轻处罚。被告人金某投案自首,依法亦可以从轻处罚。二被告人在庭审中均已认识到行为的违法性及社会危害性,保证不再实施危险驾驶行为,并多次表示认罪悔罪,且其行为尚未造成他人人身、财产损害后果,酌情从轻判决。

又如,在王某梓故意杀人案[1]中,被告人王某梓与被害人何某圣(男,殁年20岁)相识并成为朋友,后二人因琐事产生矛盾。王某梓以王某的名字承租黑龙江省双城市双城镇洗涤剂家属楼一套房屋。当日王某梓将何某圣约至该房,二人发生争执,王某梓用腰带勒何某圣颈部,致何某圣机械性窒息死亡。次日,王某梓购买电锯、手锯、尖刀等工具,在租房内将何某圣的尸体肢解,后将装有尸块的三个拉杆箱等物掩埋至双城市双城镇通达路西侧树林内。法院审理认为王某梓采取勒扼颈部手段致死被害人后,又肢解、掩埋尸体,毁尸灭迹,犯罪动机卑劣,手段十分凶残,情节特别恶劣,罪行和后果极其严重,作为酌定情节从严判处。

四、三类酌定情节的相对性

需要指出的是,以上三类酌定情节并不是截然分开的三块内容,而是极具相对意义。体现任何一个方面的酌定情节从本质上

---

〔1〕 参见《王某梓故意杀人案[第1223号]——亲属主动报案并带领民警抓获被告人的如何量刑》,载《刑事审判参考》总第112集。

讲都难免同时反映其他两个方面的轻重程度。之所以作出以上划分，实际上是以其直接体现或者主要体现社会危害性的某一方面内容为依据的归类。事实上，多数酌定情节在直接或者主要反映出社会危害性某一方面内容的同时，还间接说明了其他一个或者两个方面的内容。

其一，反映行为客观危害的情节还可以说明行为人的主观恶性。例如，犯罪手段残忍，既反映出客观危害严重，也表明行为人主观恶性程度较深，这是因为，一方面，客观危害是在行为人主观恶性支配下的客观危害，否则就不是犯罪的客观危害，意外事件造成的客观危害再严重，由于缺乏主观恶性，不是主观恶性的展现，因而不是犯罪；另一方面，犯罪手段是在行为人恶性心理支配下为实现其主观罪过内容而选择的作案方法，手段越残忍当然说明其主观恶性越大。

其二，反映行为人主观恶性的酌定情节也可以体现行为人的人格缺陷。例如，出于贪图奢侈享受的动机而盗窃，与出于生活所迫的动机相比，前者体现的主观恶性较大，同时该恶性动机也表明行为人人格中存在贪图享乐、追求奢华而又不愿自食其力的价值缺陷，并且这种价值缺陷的程度比因饥寒交迫而盗窃的程度更大。

其三，体现行为人人格缺陷程度的酌定情节同样能够反映行为客观危害的大小。例如，行为人故意杀人后毁尸灭迹的情节，不仅说明其人格缺陷程度较深，也反映出造成的客观危害明显较大。

以上三种情况反之亦能成立。不仅如此，还存在一个酌定情节身兼三任的情况，例如，犯罪后积极救助被害人这个情节，既然是救助了被害人，那么造成的客观危害往往相对较小；积极救助说明对行为所侵犯的刑法所保护价值的对立意志程度降低，即行为人的主观恶性程度不大；还说明行为人对刑法所保护的该价值的敌视、蔑视、漠视的态度有所缓和，即行为人的人格缺陷程度降低。

第二节　根据形成时间顺序的分类

根据酌定情节形成的时间先后顺序，可以将其分为罪前酌定情节、罪中酌定情节、罪后酌定情节，这也是我国刑法理论中比较常见的一种分类方式。

罪前酌定情节、罪中酌定情节与罪后酌定情节只是一种笼统的说法，要清晰地将三者界分开来，还需要进一步找出它们的分界点。由于罪中酌定情节始于罪前酌定情节的终点，止于罪后酌定情节的起点，弄清楚罪中酌定情节的起点和终点是解决这一问题的关键。因而，有必要先对罪中酌定情节作出界定。

一、罪中酌定情节

这里可以借鉴学界对罪中情节的定义来确定罪中酌定情节的

起点和终点，学界大多将罪中情节存在空间限定在犯罪过程中，确切地说就是始于犯罪预备，终止于犯罪行为实施完毕。〔1〕本书赞同将犯罪预备作为罪中酌定情节的起点，这是根据我国《刑法》规定得出的结论，因为我国刑法将犯罪的预备阶段也纳入犯罪行为的范畴。学界对此有不同的见解，认为一般情况下，将罪中酌定情节的起点确定为着手为宜，只有在阴谋犯等特殊情况下才始于犯罪的预备，论者主要是基于"不宜将犯罪预备规定在总则中作为各种犯罪都要处罚的犯罪形态。如果分则个别犯罪有单独规定犯罪预备的需要，可在分则相应犯罪条文中规定即可"的考虑，认为如果将准备犯罪的情节也纳入犯罪的范畴会导致犯罪范围过宽，如为了实行暴力犯罪而进行锻炼身体、吃饭等在一般人看来正常的行为也会被认为是犯罪预备行为，不符合民众的基本认同。〔2〕对于论者针对犯罪预备应从《刑法》总则中删除的态度，本书予以认可，但是，在其还没有被删除之前，划分罪中酌定情节的范围时就将预备阶段排除在外，难免也会不当地导致犯罪的范围过窄。至于将

---

〔1〕 例如，有学者认为："罪中情节是指从犯罪的预备到犯罪行为事实完毕，犯罪结果已经发生这一整个过程中，影响行为社会危害性和行为人人身危险性程度的各种事实特征。"参见彭泽君:《刑法情节论》，载《荆州师专学报》1999年第1期。有学者认为："罪中情节是指行为人在实施犯罪的全部过程中，包括犯罪预备阶段、犯罪行为实施阶段以及犯罪行为完成阶段，所表现出来的决定行为的社会危害性和行为人人身危险性及其程度的各种主客观事实。"参见李翔:《情节犯研究》，上海交通大学出版社2006年版，第17页。有学者认为："罪中情节是指发生于犯罪过程中，影响行为的社会危害性和行为人的反社会属性程度的各种事实情况。"参见胡学相:《量刑的基本理论研究》，武汉大学出版社1998年版，第165页。

〔2〕 参见廖瑜:《论犯罪情节》，西南政法大学2009年博士学位论文，第77页。

准备犯罪的“情节”纳入犯罪的范畴会不会导致犯罪范围过宽，本书认为关键在于对酌定情节本质的把握，只有能够体现行为社会危害性的事实才能被视为酌定情节，而上述“锻炼身体、吃饭”等行为根本说明不了任何社会危害性，因而原本就不是酌定情节，自然不可纳入罪中情节的范围。对于上述将酌定情节的终点确定在犯罪实施完毕、犯罪结果发生的观点，本书认为这种认识表述并不清楚、确切，因为它对于什么是犯罪行为实施完毕、何为犯罪结果发生，行为实施完毕和结果发生不同步时，是以前者还是以后者为罪中酌定情节的终点等问题并没有界定清楚。因此，本书采纳廖瑜博士的观点，即罪中酌定情节的终点应该是行为不再产生现实危害，这样既可以避免行为实施完毕、犯罪结果发生等模糊不清的弊端，还可以准确划定持续犯、连续犯等特殊犯罪形态罪中酌定情节的范围。例如，在连续犯、持续犯的情形下，只要行为及其所导致的状态持续不间断，基于这种状态而产生的所有酌定情节都是罪中酌定情节。〔1〕

弄清楚了罪中酌定情节的起点和终点，就可以界定罪中酌定情节的概念。本书认为，罪中酌定情节是指从犯罪预备到犯罪不再产生实际危害的过程中存在的，法律没有具体规定，但能够体现行为的社会危害性程度从而影响定罪量刑的事实。例如，犯罪的起因、故意或者过失的程度、犯罪的手段、犯罪的方法、犯罪的对象、犯罪的时空条件、犯罪的危害结果，等等。

---

〔1〕 参见廖瑜：《论犯罪情节》，西南政法大学2009年博士学位论文，第78页。

二、罪前酌定情节和罪后酌定情节

明确了罪中酌定情节的起点和终点也就确定了罪前酌定情节的终点和罪后酌定情节的起点，接下来则只需要界定罪前酌定情节的起点和罪后酌定情节的终点，就明确了罪前和罪后酌定情节的范围。

罪前酌定情节并没有起点，这是学界基本上一致认同的观点，理论上在界定罪前情节时，都只是强调其终点，即“犯罪实施前”，并没有界定其起点。[1]这样的话，罪前酌定情节的概念就很好界定了：罪前酌定情节是指犯罪预备之前存在的，法律没有具体规定，但能够体现行为的社会危害性程度从而影响定罪量刑的事实。包括犯罪原因、行为人一贯表现、有无前科劣迹、是否偶犯、是否惯犯、行为人与被害人的关系，等等。

例如，在呷某莫贩卖毒品案[2]中，被告人呷某莫曾在 1999 年 3 月 13 日因贩卖零包海洛因被公安机关抓获，因其当时系哺乳期妇女被取保候审。2006 年 3 月，呷某莫购得海洛因 400 余克分包藏于家中备卖。3 月 20 日，甘洛县一名叫沙某莫的贩毒者受吸毒

〔1〕 例如，有人认为：“罪前情节指行为人实施犯罪行为以前的那么能够影响量刑的各种主客观事实情况。”参见胡学相：《量刑的基本理论研究》，武汉大学出版社 1998 年版，第 165 页。有人认为：“罪前情节是指行为人实施犯罪行为以前的那些能够影响定罪量刑或者行刑的各种主客观事实情况。”参见李翔：《情节犯研究》，上海交通大学出版社 2006 年版，第 17 页。

〔2〕 参见《呷某莫贩卖毒品案［第 544 号］——对贩卖毒品数量刚达到死刑适用标准，但系毒品惯犯的，如何量刑》，载《刑事审判参考》总第 67 集。

人员木某日的要求帮买海洛因5克。沙某莫与呷某莫电话商定价格为每克490元。后出售5克(实为4.5克)海洛因给沙某莫,获款2450元。沙某莫将该海洛因以每克520元卖给木某日时,被公安人员抓获,当场收缴海洛因4.5克。公安人员根据沙某莫的供述,将正准备潜逃的呷某莫抓获,并从其携带的塑料包内搜出可疑物40包,现金10,075.5元。经鉴定,可疑物系海洛因,净重402.2克。本案中,被告人呷某莫贩卖海洛因402.2克,刚达到当地实际掌握的判处死刑的数量标准。法院认为,如果呷某莫系初犯、偶犯,或者具有其他酌定从宽处罚情节,则存在不适用死刑立即执行的余地。但是,呷某莫有长期贩毒史,1999年曾因贩卖零包毒品被刑事拘留,由于其当时处于哺乳期,贩毒数量又不大,最终没有实际处罚。但其不思悔改,又购买大量毒品企图贩卖牟利,被公安机关抓获,反映其主观恶性较深,人身危险性高。同时,有证人反映,呷某莫还涉嫌实施其他贩毒行为,但因证据不足未予查实。在这种情况下,对其判处死刑符合法律规定和宽严相济刑事政策的要求,体现了对主观恶性较深、不思悔改的毒品犯罪分子依法严惩的精神。

对于罪后酌定情节的终点,理论界一般认为是案件审理结束前,有学者认为:"罪后情节,是指行为人实施犯罪之后直到审判结束前产生的,影响定罪量刑的情节。"[1]持类似观点的学者认为:"罪后情节是指行为人实施犯罪行为后,到审判结束前这段时

---

〔1〕 冯卫国、王志远:《刑法总则定罪量刑情节通释》,人民法院出版社2006年版,第8页。

间内对自己的罪行所持的心理态度及行为表现。”〔1〕当然，也有学者在界定罪后情节时并没有提及其终点，例如，有学者认为：“罪后情节，是指行为人实施犯罪以后对自己行为的认识及其具体表现。”〔2〕另有学者认为：“罪后量刑情节是指犯罪行为终了以后，犯罪人对已经实施完毕的犯罪所持的态度。”〔3〕本书认为，罪后酌定情节是应该存在终点的，否则有不当扩大刑罚权范围之嫌，因为毕竟划定酌定情节是为定罪量刑服务的，将犯罪行为实际危害结束后行为人无论在何时对自己行为的认识、态度和表现都作为影响定罪量刑的酌定情节，显然是对行为人生活的无限干预，而且这种干预在刑罚执行完毕以后也没有任何实际意义。但是将其终点限定在案件审理结束前又过于缩小了罪后酌定情节的范围，因为在审理结束后刑罚执行过程中行为人的态度和悔改表现等相关事实也是行为社会危害性的体现（基本上是通过说明行为人的人格缺陷消长而体现社会危害性程度的变化），因而是决定如何执行刑罚的重要考察因素。由于刑罚执行中的特殊制度虽然适用于刑罚执行过程中，但实质上仍然是对该特殊制度的刑事实体标准的运用，即仍然是对刑罚的裁量，所以影响刑罚执行中特殊制度运用的事实仍然是刑法的研究范畴，属于罪后酌定情节的范围。是故，本书认为，罪后酌定情节的终点不是案件审理结束前，而是刑罚执行完毕。由是，罪后酌定情节是指，犯罪行为不再产生实际

〔1〕 胡学相：《量刑的基本理论研究》，武汉大学出版社 1998 年版，第 165 页。
〔2〕 李翔：《情节犯研究》，上海交通大学出版社 2006 年版，第 17～18 页。
〔3〕 马克昌主编：《刑罚通论》，武汉大学出版社 1999 年版，第 336 页。

危害之后、刑罚执行完毕以前存在的，法律没有具体规定，但是能够体现行为的社会危害性程度，从而影响定罪量刑的事实。例如，行为人毁灭罪证，订立攻守同盟，主动赔偿被害人损失，积极与被害人和解，以及遵守监规情况、接受教育情况、具体悔改表现，等等。

例如，在黄某辉、陈某等 8 人非法捕捞水产品刑事附带民事公益诉讼案[1]中，被告人黄某辉、陈某共谋后决定在长江流域重点水域禁捕区湖南省岳阳市东洞庭湖江豚自然保护区实验区和东洞庭湖鲤、鲫、黄颡国家级水产种质资源保护区捕鱼。两人先后邀请被告人李某忠、唐某崇、艾某云、丁某德、吴某峰(另案处理)、谢某兵以及丁某勇，在湖南省岳阳县东洞庭湖壕坝水域使用丝网、自制电网等工具捕鱼，其中黄某辉负责在岸上安排人员运送捕获的渔获物并予以销售，陈某、李某忠、唐某崇、艾某云、丁某德负责驾船下湖捕鱼，吴某峰、谢某兵、丁某勇负责使用三轮车运送渔获物。8 名被告人先后参与非法捕捞三四十次，捕获渔获物 1 万余斤，非法获利 10 万元。法院审理过程中被告人黄某辉、陈某、唐某崇、艾某云、丁某德、李某忠、谢某兵、丁某勇对公诉机关指控的罪名及犯罪事实均无异议，自愿认罪；同时对刑事附带民事公益诉讼起诉人提出的诉讼请求和事实理由予以认可，并对向东洞庭湖投放规定品种内价值 211,000 元成鱼或鱼苗以修复生态环境的建议亦无异议。法院裁判认为，8 名被告人按照法院生效调解书内容积极主动

---

〔1〕 参见黄某辉、陈某等 8 人非法捕捞水产品刑事附带民事公益诉讼案，最高人民法院指导案例 213 号(2023 年)。

购置成鱼或鱼苗在洞庭湖水域放流，主动履行修复渔业资源和生态的责任，可酌情从轻处罚。

又如，在钱某故意伤害案[1]中，钱某应朋友邀请在嵊州市长乐镇某餐馆与被害人马某某等人一起吃饭。其间，钱某与马某某因敬酒发生争吵，马某某不满钱某喝酒态度持玻璃酒杯用力砸向钱某头部，致其额头受伤流血。钱某随后从餐馆门口其电瓶车内取出一把折叠刀，在厮打过程中刺中马某某胸部、腹部。马某某随即被送往医院救治，经医治无效死亡。案发后，钱某即向公安机关主动投案，如实供述了自己的犯罪行为。案件移送检察机关审查起诉后，钱某表示愿意认罪认罚，在辩护人见证下签署了《认罪认罚具结书》并向被害人亲属进行了民事赔偿，取得被害人亲属谅解，最终得到酌定从轻处理。

三、三类酌定情节之间的关系

值得注意的是，虽然从时间的先后顺序上可以对酌定情节做此划分，但是这三种酌定情节之间存在紧密的内在关联性。表现在，一方面，在定罪量刑中三者都不是孤立地发挥作用，三者对定罪量刑的功能都是它们综合起作用的结果，任何一种酌定情节的功能发挥都要受到其他两种情节的影响和牵制，这一点也是所有酌定情节类型的共性。另一方面，三者在体现行为的社会危害性

---

〔1〕 参见钱某故意伤害案，最高人民检察院指导性案例 82 号（2020 年）。

本质上没有差别，只是角度存在不同，罪中酌定情节主要是通过体现主观恶性和客观危害的大小来说明社会危害性程度，而罪前、罪后酌定情节主要是通过体现行为人的人格缺陷程度来说明社会危害性大小，当然，这同样是相对而言，并不是截然分开的。

三种酌定情节的以上关联性说明它们在对定罪量刑的影响上具有本质的一致性，没有优劣之分、先后之别。学界有很多学者认为，只有罪中酌定情节才既影响定罪又影响量刑，罪前和罪后酌定情节只能影响量刑不能影响定罪，并且在量刑功能上，罪中酌定情节优于罪前和罪后酌定情节。本书认为，这是对酌定情节的本质以及三种酌定情节内在关联性的偏离，既然三者都是行为社会危害性的反映，理应在功能上都是既影响定罪也影响量刑，并且没有孰优孰劣的问题。只是由于酌定情节发挥作用的整体性、综合性特征，在一些情况下，此种酌定情节的作用被凸显，彼种酌定情节的作用没有被凸显，而在另一些情况下，彼种酌定情节的作用被凸显，此种酌定情节的作用没有被凸显，但是无论哪种情况，作用没有凸显的酌定情节同样发挥了功能。例如，某甲采用极其残忍的手段杀死老、弱、病一家三人，庭审中某甲表示真诚悔罪并向受害方亲属道歉，虽然本案中某甲具备“真诚悔罪”这一酌定从宽的罪后情节，本应从宽处罚，但是由于犯罪手段极其残忍、对象又是相对的弱势群体，且杀害三人结果严重，所以单单一个“真诚悔罪”情节不足以阻挡将某甲的行为认定为故意杀人并对某甲判处极刑的可能性。但是，在定罪量刑过程中并非没有考虑“真诚悔罪”情节，只是由于该情节在体现“非罪”或者“罪轻”指向上社会危害性消减的程度远没有其他体现“罪”或者“罪重”指向上社会危害性严重的程度大，所以被淹没在了其他反向情节中，没能凸显。相反的例子，如有学者所举，“在我国刑法的规定中，构成某些犯罪，必须以‘情节恶劣’为前提。如果某种违法行为处于恶劣与尚不恶劣的临界线上，那么，反映了人身危险性的罪前和罪后（准确地说，是行为前和行为后）因素就在此通过‘情节恶劣’，就在此通过‘情节恶劣’的构成要件对定罪发生作用了。如果行为人表现一贯良好，没有前科劣迹之记载，且行为后认错态度很好，那么，我们就可以不认定其属‘情节恶劣’，从而不予认定为犯罪；而如果行为人行为前表现一贯不好，常有违法乱纪之行为，屡教不改，并在行为后逃避责任，撒谎抵赖，那么，我们就可以认定其属于‘情节恶劣’，就可以认定其为犯罪”。[1]事实上，罪前和罪后酌定情节并非只有在行为处于所谓“罪与非罪临界线”时才对罪与非罪的认定发挥功能，而是任何时候都在发挥功能，只是当行为在“罪与非罪的临界线”时意味着罪中酌定情节所体现的社会危害性程度并不明朗，所以，罪前和罪后酌定情节的作用凸显了而已。

应当说明的是，由于酌定情节内容的无限性和多样性，对酌定情节的分类远不止以上两种，比较有意义的分类还有很多，例如，借助犯罪构成四个方面，可以将酌定情节分为主体方面的酌定情节、主观方面的酌定情节、客体方面的酌定情节、客观方面的酌定

〔1〕 陈兴良：《刑法哲学》（修订3版），中国政法大学出版社2004年版，第160～161页；王勇：《定罪导论》，中国人民大学出版社1990年版，第88页。

情节;[1]根据功能方向不同,可以将其分为从严酌定情节和从宽酌定情节;等等。但是,分类本身并不是目的,目的是借助分类深化对酌定情节外延的认识和把握并为解决酌定情节相关问题提供便利,鉴于其他分类方式与本书主要内容的关联性不大,在此不予展开。

---

〔1〕 此种分类方法是廖瑜博士在其博士学位论文《论犯罪情节》中最先提出,具有很大的理论和实践意义。参见廖瑜:《论犯罪情节》,西南政法大学 2009 年博士学位论文,第 50～65 页。

— 第六章 —
酌定情节在定罪中的作用

本书第一章在论述酌定情节的概念时就已经反复强调，酌定情节基于其体现行为社会危害性程度之本质，除影响量刑外还具有影响定罪的功能，刑法规范和司法实践中也都存在对酌定情节定罪功能的印证。那么，酌定情节究竟是通过什么途径实现该项功能的？具体哪些酌定情节具有该项功能？本章将予以详细系统的阐述。

第一节　酌定情节影响定罪的作用路径：犯罪成立的法律标准

“以事实为根据，以法律为准绳”是准确定罪的基本原则，影响定罪的一切因素最终都必须回归法律的准绳内才是科学适用的根本保障。判断是否成立具体的犯罪是定罪活动的核心任务，因此，正确把握犯罪成立的法律标准，是酌定情节在定罪中发挥作用的可靠路径。

一、犯罪成立的法律标准之含义界定

科学构建犯罪成立的法律标准，必须首先对其本身的含义有着全面准确的认识和把握。这里涉及两个基本概念：犯罪成立和法律标准。法律标准的含义相对好把握一些，这里先做介绍。“标准”，即标尺和准绳的意思，也可以简单理解为依据；而这里的标尺和准绳不是根据学界所构架的理论而确定的，而是以刑法规范为依据，故称“法律标准”。

认定是否成立犯罪是定罪的核心任务。我们知道，所谓定罪，是指司法机关依法认定被审理的行为是否构成犯罪、构成何种犯罪以及犯罪的形态和一罪与数罪的活动。具体言之，定罪包括四个方面的内容：(1)确定行为是否构成犯罪，即罪与非罪的认定，从实质的角度讲就是判断被审理的行为是否具有社会危害性以及社会危害性是否量变到了应受刑罚惩罚的程度从而质变为犯罪，从而从本质上划分清楚犯罪行为与合法行为、不道德的行为以及违纪行为、一般违法行为的界限。从形式的角度讲即为考察该行为是否符合我国刑法规范关于犯罪的规定。(2)确定行为构成何种犯罪，即此罪与彼罪的区分，是指依据《刑法》对各种犯罪构成要件的规定，判断行为符合《刑法》分则规定的哪种犯罪的构成要件。我国《刑法》分则规定了众多的犯罪类型，许多犯罪行为之间存在着内在关联性和相似性，因而此罪与彼罪的区分在定罪过程中尤为重要。(3)犯罪形态的确定，即在犯罪的性质和具体类型认定以后，进一步确定是刑法中的预备犯、未遂犯、中止犯还是共同犯罪，等等。(4)确定行为所构成的罪数是一罪还是数罪。[1]

这里需要特别指出的是，定罪的任务仅指以上四个方面的内容，不包括所谓“重罪”与“轻罪”的区别，后者属于量刑阶段的任务。有学者认为，在定罪阶段“除了要判断是否构成犯罪、构成何种罪之外，还应当判断是属于基本构成，还是属于特别构成的犯罪。正确认定不同的构成层次”，以“准确适用不同幅度的法定刑”。[2]本书认为，这种主张混淆了定罪和量刑的区别。定罪的核心任务是认定被审理的行为是否具有社会危害性以及该社会危害性是否达到了应受刑罚惩罚的严重程度。简言之，定罪是对刑法意义的社会危害性质的整体认定。无论是罪与非罪、此罪与彼罪的认定还是犯罪形态、罪数形态的确定都是围绕这一核心任务而展开的。其中罪与非罪的认定是实现这一核心任务最明显的表现。此罪与彼罪的选择是对行为所反映的应受刑罚惩罚的社会危害性的相对具体的确定，它是罪刑法定原则和罪刑相适应原则的体现。罪刑法定原则要求考察行为的社会危害性必须以刑法规范存在具体的罪行规定为蓝本，而不能仅凭主观感觉擅断。罪刑相适应原则要求评价行为的社会危害性必须选择最能恰当说明其危

---

〔1〕 参见高铭暄、马克昌主编:《刑法学》，中国法制出版社 2007 年版，第 231～232 页。
〔2〕 参见高铭暄、马克昌主编:《刑法学》，中国法制出版社 2007 年版，第 232 页。

害程度的罪名，此为量刑过程中真正实现罪刑相适应的前提，即罪刑相适应不仅是对刑罚裁量的要求，也是对罪名选择的要求，只有在定罪时恰当地选择与行为的社会危害性相当的罪名，才能在量刑中充分地做到罪刑相适应，此即刑法理论上所讲的“以刑定罪”理念的基本原理。犯罪形态和罪数形态的确定同样是围绕上述核心任务进行的。由于预备犯、未遂犯、中止犯、共同犯罪以及数罪相对于单独犯一罪的既遂形态而言在反映社会危害性上具有非典型性，对于现实案件中预备、未遂、中止以及共同犯罪中的教唆、帮助等具体行为是否具有社会危害性及其程度的考察，决定着对此等具体行为究竟符不符合刑法规范所规定的预备犯、未遂犯、中止犯，以及共同犯罪的判断，进而决定罪与非罪的认定。罪数形态的根本原理也是如此，基于上述罪刑相适应原则的要求，针对错综复杂的行为事实，适用一个罪名能否对其反映的社会危害性完全评价，决定着一罪还是数罪的判断。

实践中，上述四个方面的内容不是截然分开的，而是统一在罪与非罪的认定过程中。离开了此罪与彼罪的对比选择，没有犯罪形态的确定，是无法得出罪与非罪的结论的。一罪与数罪的认定也是如此，从基本原理上讲，同罪与非罪的原理一样，一罪与数罪的认定同样是对社会危害性程度的总体考察；从具体认定来讲，行为究竟构成几个犯罪，最终还要落实到对其涉及的每一个犯罪进行罪与非罪的判断上。从这个意义上讲，也可以说定罪的核心内容是罪与非罪的认定，定罪与犯罪成立在内涵上是一致的，定罪的标准即为犯罪成立的标准。而量刑的核心任务是在行为的社会危害性及其严重程度已经整体确定并由此得出构成某犯罪的结论之前提下，具体衡量行为的社会危害性大小进而判处与之相适应的刑罚，是对刑法意义的社会危害性量的具体衡量。而前述“重罪”与“轻罪”的区分，即在构成犯罪以及构成某种犯罪认定后进一步确定该犯罪的具体严重程度，显然属于量刑阶段的任务。

申言之，认为“重罪”与“轻罪”的区分是定罪内容的观点往往是建立在将具体个罪的犯罪构成分为独立的犯罪构成和派生的犯罪构成的基础上的。所谓独立的犯罪构成，是指刑法条文对具有通常社会危害性程度的行为所构成的犯罪构成，相对于危害严重或危害较轻的犯罪构成，它是犯罪构成的基本形态。例如，《刑法》第 234 条故意伤害罪，相对于第 2 款规定的“犯前款罪，致人重伤的”而言，第 1 款的规定就是故意伤害罪独立的犯罪构成。所谓派生的犯罪构成，是指以普通的犯罪构成为基础，由于具有较重或较轻社会危害程度的情节而从普通的犯罪构成分化出来的犯罪构成。派生的犯罪构成又可以分为加重的犯罪构成和减轻的犯罪构成，前者如《刑法》第 234 条故意伤害罪第 2 款“犯前款罪，致人重伤的”的规定，后者如《刑法》第 233 条过失致人死亡罪后半段“情节较轻的”的规定。[1]持该种观点的学者认为，诸如上文所列举的刑法条文的犯罪，其罪行具有轻重层次之分，轻重层次不同的行为属于不同的罪行——基本罪行、重罪行和轻罪行，[2]犯罪构成是对罪行特征的抽象描述，因而也具有层次性。

---

〔1〕 参见高铭暄、马克昌主编:《刑法学》，中国法制出版社 2007 年版，第 61 页。
〔2〕 参见赵廷光:《量刑公正实证研究》，武汉大学出版社 2005 年版，第 267、277 页。

然而,在本书看来,罪行有轻重之分不假,但轻重不同的情形并非属于不同的罪行,因为罪行是此行为之所以为此行为的内在质的规定,具有独立品性,而诸如《刑法》第233条过失致人死亡罪后半段“情节较轻的”情形,并不能独立说明什么问题,它需要依附在前半段“过失致人死亡的”行为上,因而不是独立的罪行。而所谓罪行的轻重层次实际上是在同一罪行质的规定性确定后进而确定其严重程度的具体量的内容,质和量是站在不同角度对同一事物的考察,人为地将质和量割裂开来进而将同一事物分割为两个事物的做法是错误的。当真如此的话,还会带来一个问题,即破坏犯罪构成的行为定型功能,犯罪构成是犯罪行为的法定类型性描述,它的内容应该具有确定性,这是罪刑法定原则的必然要求,而所谓派生的犯罪构成中诸如《刑法》第233条的“情节较轻的”往往没有确定的内容,这里的“情节”泛指一切能够反映社会危害性大小的事实,将其作为犯罪构成的内容势必使犯罪构成的内容变得不确定,因而破坏了犯罪构成的定性功能。当然,上述主张在定罪阶段区分不同层次的“罪行”或者认定“派生的犯罪构成”的初衷是良好的,即为量刑阶段准确适用不同幅度的法定刑提供前提从而准确量刑。但是,本书认为,此种做法反而会事与愿违,因为,无论是犯罪构成还是罪行都是对能够反映社会危害性的罪中行为事实各个方面的描述,而不包括罪前情节和罪后情节(这是由立法者的认识能力的有限性和刑法规范的简约性决定的),而罪前情节和罪后情节由于同样能够说明社会危害性的大小因而在量刑中不得不考虑,否则就违反了罪刑相适应原则的要求,上述做法无形中将这两类情节排除在外，因而是不恰当的。

综上所述，定罪的内容不包括“重罪”与“轻罪”的区分，所谓“重罪”“轻罪”实际上是量刑情节的内容，属于量刑的考察范畴。

澄清了上述两个方面的含义和内容，犯罪成立的法律标准的概念也就明确了，它指的是司法机关据以认定某行为罪与非罪的法定依据。

二、犯罪成立的法律标准之规范依据

罪刑法定原则要求我们对于罪与非罪的认定只能以法律的明文规定为标准，而不是脱离法律规定依据理论定罪或者另寻其他依据。这里的法律特指刑事法律规范，包括刑法典、单行刑法、附属刑法，其他法律规范只能作为理解刑法规范的指导或者参考。例如，《宪法》在我国法律体系中处于最权威的地位，是我国的根本大法，是母法，包括刑法规范在内的其他法律规范的理解与适用必须以《宪法》为依据而不得与其相冲突；又如，我国《刑法》分则中的许多条文关于罪状的规定多是采用空白罪状的描述方式，即在罪状中只规定某种犯罪行为，但其具体特征还需要参照其他有关法律、法规的规定才能确定，这些其他法律多是经济法规或者行政管理法规而不是刑法规范本身，如《刑法》第 133 条规定：“违反交通运输管理法规，因而发生重大事故，致人重伤、死亡或者使公私财产遭受重大损失的……”这里并没有写明什么是交通肇事行为，只能结合相关的交通运输管理法规才能确定。但这些相关的经济法规、行政管理法规本身并不能独立作为认定犯罪的标准，只有与刑法规范相结合才能用于确定犯罪行为的内容。总而言之，就认定犯罪的标准而言，只能是刑法规范明文规定的内容。

我国《刑法》针对犯罪的认定在总则和分则中都作了规定：

《刑法》总则对各种犯罪均共同适用的划分罪与非罪的界限作了一般性规定。表现在以下几个方面：

第一，就犯罪的宏观把握而言，《刑法》总则首先在第二章第13条从正反两个方面对犯罪的概念作了一般性界定，前半段（但书以前的内容）从正面描述了什么样的行为是犯罪，并归纳出犯罪的刑事违法性和应受刑罚处罚性两个基本特征，后半段（但书以后的内容）从反面强调了“但是情节显著轻微危害不大的，不认为是犯罪”，从而将实质上没有达到应受刑罚惩罚程度的社会危害性的行为排除在犯罪之外。

第二，就犯罪的主观方面而言，《刑法》第14条和第15条规定，只有基于主观上的故意或者过失而实施的行为才是犯罪，并紧接着在第16条中强调“行为在客观上虽然造成了损害结果，但是不是出于故意或者过失”的行为不是犯罪。

第三，就犯罪的主体方面而言，《刑法》第17条、第17条之一和第18条分别从刑事责任年龄和精神状况两个方面对犯罪一般主体的适格性作了界定。并在本章第四节单列一节就单位犯罪承担刑事责任的范围和主体进行了明确。

第四，就犯罪客观行为而言，《刑法》第20条、第21条分别规定了正当防卫与紧急避险行为是不具有社会危害性的合法行为，是对国家、社会和人民有益的行为,从反面印证了犯罪行为在性质上必然是具有社会危害性。《刑法》第二章第二节和第三节又分别就犯罪行为的预备、未遂与中止等停止形态和共同犯罪等行为实施形态作了规定。这些规定是认定那些非典型性的具有复杂情形的行为是否构成犯罪的重要依据。

《刑法》分则根据各种具体犯罪的特点又作了一些特殊规定,归纳起来主要表现在以下几点:

第一,有的犯罪突出或者增补了犯罪构成主观方面的内容。例如,《刑法》第 312 条掩饰、隐瞒犯罪所得、犯罪所得收益罪的规定,以"明知是犯罪所得及其产生的收益"为限,倘若不明知是上述赃物就不构成犯罪。又如,《刑法》第 275 条故意毁坏财物罪的规定,强调以"故意"为限,而过失毁坏公私财物的不构成犯罪。再如,《刑法》第 363 条制作、复制、出版、贩卖、传播淫秽物品牟利罪的规定,要求构成此罪必须"以牟利为目的",如果不是以牟利为目的实施上述行为则不构成此罪。上述立法例中前两种是为了说明行为应受刑罚处罚的社会危害性对犯罪构成主观要件的突出和强调,后一种是为了区别于不具有社会危害性或者社会危害性没有达到应受刑罚惩罚程度的一般行为或者社会危害性程度明显与之不同的类似犯罪行为而增补的主观要件内容。

第二,有的犯罪限制了犯罪构成主体要件的范围。例如,《刑法》第 291 条对聚众扰乱公共场所秩序、交通秩序罪的规定,将行为主体的范围限定为首要分子,从而缩小了刑法的打击面,体现了刑法的不得已性。除此之外,《刑法》第 163 条非国家工作人员受贿罪、第306条辩护人、诉讼代理人毁灭证据、伪造证据、妨害作证罪以及《刑法》第八章贪污贿赂罪、第九章渎职罪、第十章军人违反职责罪中的多数犯罪都对行为主体要件作了特殊规定，不符合该类型中某犯罪的特殊主体要求就不能构成该犯罪。

第三，有的犯罪突出了犯罪构成的客观要件。具体表现为以下三种情况：(1)强调行为须造成严重后果或者具有引起某种严重后果的危险。例如，《刑法》第133条规定的交通肇事罪必须以"致人重伤、死亡或者使公私财产遭受重大损失"为客观构成要件。第330条妨害传染病防治罪规定，构成本罪的客观要件必须具有引起甲类传染病传播或者有传播严重危险的。(2)强调必须使用法律规定的犯罪方法。例如，构成《刑法》第257条暴力干涉婚姻自由罪必须采用暴力的方法，使用非暴力的方法干涉他人婚姻自由的不构成本罪。(3)强调行为必须在特定的时空条件下实施。例如，《刑法》第340条非法捕捞水产品罪、第341条第2款非法狩猎罪，构成这两种犯罪的行为必须分别在禁渔区、禁渔期或者禁猎区、禁猎期实施。此外，《刑法》分则第十章对军人违反职责罪规定的多数罪名需以发生在战时或战场上为时空条件。

第四，有的犯罪突出了客体要件，即强调了犯罪对象的特定性或者达到一定的数额或数量。前者如《刑法》规定的传播淫秽物品罪，根据《刑法》第367条关于淫秽物品含义的规定，其行为对象特指"具体描绘性行为或者露骨宣扬色情的诲淫性的书刊、影片、录像带、录音带图片及其他淫秽物品"，而"有关人体生理、医学知识的科学著作"以及"包含有色情内容的有艺术价值的文学、艺术作品”不是淫秽物品或不视为淫秽物品，针对这些物品实施的传播行为不构成本罪。后者如《刑法》第266条规定的诈骗罪的对象必须为“数额较大”的公私财物，第345条第1款、第2款规定的盗伐林木罪和滥伐林木罪都必须以“数量较大”的森林或者其他林木为客体要件的内容。

第五，有的犯罪采用概括的方式强调只有情节严重或者情节恶劣的才能构成犯罪。例如，《刑法》第252条规定的侵犯通信自由罪就是以“情节严重”作为罪与非罪的分界，第255条规定的打击报复会计、统计人员罪以“情节恶劣”作为罪与非罪的界限，等等。〔1〕

三、犯罪成立的法律标准之理性归纳

“在法学家眼中没有法律只有法理，在执法者手中没有法理只有法律。法学家的使命就在于将法律的理性变成理性的法律交到执法者手中。”〔2〕认为犯罪成立的法律标准是刑法规范没有任何问题，但是这种说法太过笼统，对于实践也没有任何实际意义，理论研究既不能脱离具体的法律规范也不能拘泥于此，其真正使命应该是从合理的角度剖析法律规范的内涵、归纳总结法律规范的内在规律，为执法者提供一套合理的，具有可遵循性的正确适用法律的思维判断模式。

〔1〕 参见高格：《定罪与量刑》（上册），中国方正出版社1999年版，第88～91页。
〔2〕 邱兴隆：《关于惩罚的哲学：刑罚根据论》，法律出版社2000年版，“题记”。

带着这样的目的，我们再回过头来考察一下我国《刑法》关于犯罪成立标准的上述规定，可以发现其具有以下两个方面的特点：

一方面，总体规定与具体规定相结合。我国《刑法》针对犯罪成立的标准既有总体规定又有具体规定。我国《刑法》总则第 13 条规定："一切危害国家主权、领土完整和安全，分裂国家、颠覆人民民主专政的政权和推翻社会主义制度，破坏社会秩序和经济秩序，侵犯国有财产或者劳动群众集体所有的财产，侵犯公民私人所有的财产，侵犯公民的人身权利、民主权利和其他权利，以及其他危害社会的行为，依照法律应当受刑罚处罚的，都是犯罪，但是情节显著轻微危害不大的，不认为是犯罪。"这是我国《刑法》关于犯罪一般概念的规定，这一规定从正反两个角度界定了什么是犯罪，什么不是犯罪。根据《刑法》总则第 101 条的规定，《刑法》第 13 条犯罪一般概念的规定适用于分则的每一种犯罪。因此，《刑法》第 13 条关于犯罪一般概念的规定是认定罪与非罪的总标准，它对于分则所有犯罪的认定都具有指导意义。犯罪概念是对各种具体犯罪的抽象和概括，然而各种具体犯罪又是复杂多样的，具体犯罪不仅具有犯罪所共有的普遍性，而且还具有自己的特殊性。因此，在认定具体犯罪时，仅依据犯罪一般概念是无法区分罪与非罪的，还需要结合具体犯罪的特殊规定才能完成认定犯罪的任务。罪刑法定的明确性原则也要求我们在认定犯罪时不能仅笼统地认定某行为是不是犯罪，还要具体地确定其构成什么犯罪。所以，我国《刑法》针对具体犯罪类型的成立条件又作了相对具体的规定。其中，出于《刑法》条文简约性的考虑，在立法技术上又将各种犯罪都共同适用的成立条件统一放在总则中作一般性的规定，如上文已经介绍的犯罪主观要件、主体要件、客观要件和客体要件中的一般情形或要素都在总则中予以规定，而具体犯罪成立所特有的条件要求则放在分则条文中描述或者强调，不同的犯罪所强调的侧重点又有所不同，这在上文已做归纳。

另一方面，定性规定与定量规定相结合。我国《刑法》对犯罪成立标准的规定采用的是既定性又定量的模式。所谓定性规定，即规定行为[1]的基本模型（类型），其目的是将此行为与彼行为相区分。所谓定量规定，是指规定社会危害性严重程度的规格，只有行为社会危害性的严重程度达到某种规格要求才构成犯罪，没有达到该规格要求就不构成犯罪。定性和定量相结合的规定模式在犯罪成立总标准和具体标准中都有所体现。

我国《刑法》第 13 条犯罪一般概念的规定是对认定一切犯罪都具有指导意义的总标准。这一法定的犯罪一般概念就是采取既定性又定量的模式界定的：《刑法》第 13 条前半段“一切危害国家主权、领土完整和安全，分裂国家、颠覆人民民主专政的政权和推翻社会主义制度，破坏社会秩序和经济秩序，侵犯国有财产或者劳动群众集体所有的财产，侵犯公民私人所有的财产，侵犯公民的人身权利、民主权利和其他权利，以及其他危害社会的行为，依照法律应当受刑罚处罚的，都是犯罪”的规定，是对刑法范畴中行为模型的基本界定。其中“一切危害国家主权……，以及其他危害社

〔1〕 这里的行为包括行为的主体、主观、客体和客观行为内容四个方面，而非仅指客观行为。

会的行为”是对各种行为类型的抽象列举，即告诉我们什么样的行为才可能是刑法中的犯罪行为；“依照法律应当受刑罚处罚的”是对这些行为类型在刑法规范中的存在状态进行的概括描述，其目的是限定只有《刑法》分则条文作了类型性规定的行为才会是犯罪行为。《刑法》第13条后半段，“但是情节显著轻微危害不大的，不认为是犯罪”的规定，是对社会危害性量的一般规定，即只有社会危害性大的行为才认为是犯罪，社会危害性不大的行为不认为是犯罪。这里同时为社会危害性量的大小考量规定了可以把握的评价指标，这个指标就是“情节”，情节显著轻微就说明社会危害性不大，情节不是显著轻微甚至严重的就说明社会危害性大。

我国《刑法》关于犯罪成立具体标准的规定也是采取定性加定量的模式。定性规定，主要表现为《刑法》总则和分则对犯罪构成四个方面要件的确定上，即一个行为要成立某种犯罪必须符合刑法关于该犯罪的主观要件、主体要件和客观要件、客体要件的规定，不符合其中任何一个要件就不能构成该罪。因此，犯罪构成四个方面的要件是决定某行为之所以是此行为而不是彼行为的骨架，是该行为区别于其他行为的本质属性，故称其为对行为的“定性”规定。定量规定，则主要体现在《刑法》分则具体犯罪的罪状规定中，这里根据定量因素表述方式的不同，将其归纳为以下三种：

第一种，数额（量）犯直接规定定量因素。所谓数额（量）犯，是指《刑法》分则明确要求以数额或者数量的多少作为具体犯罪成立条件的犯罪类型。例如，《刑法》第266条规定：“诈骗公私财物，数额较大的，处三年以下有期徒刑、拘役或者管制，并处或者单处罚金……”第345条第1款规定：“盗伐森林或者其他林木，数量较大的，处三年以下有期徒刑、拘役或者管制，并处或者单处罚金……”第218条规定：“以营利为目的，销售明知是本法第二百一十七条规定的侵权复制品，违法所得数额巨大或者有其他严重情节的，处五年以下有期徒刑，并处或者单处罚金。”曾有学者统计，诸如此类的规定，在我国《刑法》中大约有130处。[1]

第二种，部分结果犯与部分危险犯中间接规定定量因素。所谓结果犯，是指《刑法》分则明确规定以发生实害结果为基本形态的犯罪成立条件的犯罪类型。所谓危险犯，是指以行为具有引起发生某种实害结果的现实危险为基本形态的犯罪成立条件的犯罪类型。前者的定量规定，如《刑法》第135条规定：“安全生产设施或者安全生产条件不符合国家规定，因而发生重大伤亡事故或者造成其他严重后果的，……处……”除此之外，还有第114条中的“尚未造成严重后果”、第115条第1款中的“使公私财产遭受重大损失”、第131条中的“造成严重后果”、第147条中的“使生产遭受较大损失”、第161条中的“严重损害股东或者其他人利益”，等等。后者的定量规定，如《刑法》第330条第1款规定：“违反传染病防治法的规定，有下列情形之一，引起甲类传染病以及依法确定采取甲类传染病预防、控制措施的传染病传播或者有传播严重危险的，处……”上述例举规定中的“重大”“严重”“较大”等字眼

〔1〕 高维俭：《罪刑辨证及其知识拓展》，法律出版社2010年版，第123页。

就是立法定量的表现，它提醒司法者在认定这类犯罪时不能仅凭是否有现实危险或者实害结果发生，还要考察这种现实危险或者实害结果是否达到了相应的量的要求。

第三种，情节犯概括规定定量因素。情节犯是我国《刑法》分则中常见的一种犯罪类型，通常是指《刑法》分则明示以一定的严重程度的概括性情节作为犯罪成立条件的犯罪类型。例如，《刑法》第 243 条规定："捏造事实诬告陷害他人，意图使他人受刑事追究，情节严重的，处……"第 261 条规定："对于年老、年幼、患病或者其他没有独立生活能力的人，负有扶养义务而拒绝扶养，情节恶劣的，处……"我国《刑法》分则具体犯罪中此种规定十分普遍，立法中这样规定的目的是将形式上符合犯罪构成基本要件但其社会危害性还没有达到应受刑罚惩罚程度的危害社会的行为排除在犯罪圈之外。因此，这些概括性情节是对社会危害性大小的定量评价指标，其功能是从社会危害性大小方面划分罪与非罪的界限。

四、犯罪成立的法律标准之科学总结

探明了《刑法》关于犯罪成立的法律标准规定的规律，并没有真正完成理论研究的使命，还需要据此进一步总结出一条简洁的思维路径供执法者参考。

我国传统刑法理论认为，所谓犯罪构成是指"刑法规定的，决定某一具体行为的社会危害性及其程度而为该行为构成犯罪所必须具备的一切客观要件和主观要件的有机统一的整体。"〔1〕并强调犯罪构成不是各个要件的简单相加式的总和，而是这些要件的有机统一的整体，各个要件彼此之间存在着密切的联系，共同组成一个整体的犯罪构成。在我国传统刑法理论中，"犯罪构成是犯罪成立的充分条件，行为符合犯罪构成，不需要增加其他的条件，即可认定构成犯罪，因而我国刑法中的犯罪构成，被认为是犯罪成立意义上的犯罪构成。行为是否符合犯罪构成，就成为区分罪与非罪界限的标准"。〔2〕表明我国的犯罪构成理论与德国、日本只将构成要件符合性作为犯罪成立条件之一的构成要件理论不同。这种犯罪构成理论的构建反映了我国在犯罪成立标准上紧扣法律规定的整体思维模式，是对犯罪成立各个要件之间"你中有我、我中有你"，离开了其中任何一个要件其他要件就无法确定或者变得毫无意义这种不可分割的逻辑关联性的深刻认识。也就是说，我国的犯罪构成理论是对犯罪成立的质和量的整体性的统一评价，是对刑法关于犯罪进行定性加定量规定模式的理论抽象和总结。然而，将犯罪成立的定性和定量因素全部纳入犯罪构成中考量，难免存在逻辑上的不能自洽，主要表现在以下两个方面：

其一，传统犯罪成立理论一方面主张将犯罪概念和犯罪构成相区分，犯罪概念对罪与非罪区分只是起指导作用，具体犯罪的认定还要依靠犯罪构成，犯罪构成才是认定具体犯罪的唯一标准，即判断某具体行为是不是成立犯罪就在于看它符不符合犯罪构成，

〔1〕 高铭暄、马克昌主编：《刑法学》，中国法制出版社 2007 年版，第 57 页。

〔2〕 高铭暄、马克昌主编：《刑法学》，中国法制出版社 2007 年版，第 58 页。

符合犯罪构成就是犯罪，不符合犯罪构成就不是犯罪；但另一方面，又认为形式上符合分则某一条款的规定，但因情节显著轻微危害不大的行为，在判决宣告无罪时，“可在宣告无罪的法律文书中，同时引用刑法第13条和刑事诉讼法第15条第1项的规定作为法律依据”。〔1〕这实际上是在犯罪构成之外另将犯罪概念作为认定犯罪的标准，因而与“犯罪构成是认定犯罪的唯一标准”的主张是自相矛盾的。

针对此种矛盾，有学者为了捍卫“犯罪构成是认定犯罪的唯一标准”这一命题的不可动摇性，提出对犯罪构成进行实质解释从而排除犯罪概念在认定犯罪中的直接运用。例如，张明楷教授就主张“对犯罪构成及其要件必须进行实质的解释，使犯罪构成的整体所反映的社会危害性达到应受刑罚处罚的程度”。〔2〕在张明楷教授看来，使用极其轻微的暴力抢走他人1元钱的行为，原本就不符合抢劫罪的构成要件，因而不构成抢劫罪，而不能认为该行为符合抢劫罪的构成要件，然后以情节不严重（实际上是情节显著轻微危害不大）为由认定无罪。〔3〕张教授所称的不符合犯罪构成实际上是指不符合抢劫罪的客观行为要件，即使用极其轻微的暴力抢走他人1元钱的行为不是抢劫行为。

然而，本书认为这种对行为性质的否定是不恰当的，因为我国《刑法》第263条规定抢劫罪的客观行为是“以暴力、胁迫或者其

〔1〕 高铭暄、马克昌主编：《刑法学》，中国法制出版社2007年版，第54页。

〔2〕 张明楷：《刑法分则的解释原理》，中国人民大学出版社2004年版，第226页。

〔3〕 参见张明楷：《刑法分则的解释原理》，中国人民大学出版社2004年版，第226页。

他方法抢劫公私财物的”行为，其中“暴力”“胁迫”或者与暴力、胁迫具有相当性的其他方法是抢劫行为区别于抢夺等其他类似行为类型的关键，就抢劫行为类型而言，这里只是规定暴力方法，并没有强调暴力的程度，“极其轻微的暴力”同样具有暴力性质，不能因为暴力的程度轻微就否定其抢劫行为的性质（当然，更不能认为抢劫的数额少就不是抢劫行为）。按照这样的逻辑，使用极其严重的暴力强奸妇女的行为是否可以认定为抢劫行为？抢夺公私财物数额特别巨大的行为是否也可以说是抢劫行为？显然不可以，一行为之所以是此行为而不是彼行为是由其本身的内在质的规定性决定的，而不取决于其行为方式的轻重或者行为客体量的大小。

当然，张明楷教授观点的初衷是将具有刑法规范性质的抢劫行为与非刑法规范性质的“抢劫”行为纵向区分，而不是对抢劫行为与其他行为类型的横向区分。但是，一方面，其解决路径必然导致上述逻辑谬论；另一方面，即便是前者也已经不是抢劫行为类型与非抢劫行为类型的区分问题，而是抢劫犯罪与非罪的不同。因此，暴力的程度与数额的多少实际上反映了社会危害性的量，可能会决定罪与非罪的性质，但决定不了行为本身的性质（行为类型）。试问，倘若说使用极其轻微的暴力抢走他人 1 元钱的行为不是抢劫行为，那么使用何种程度的暴力抢走他人多少钱才算是抢劫行为？这个问题，恐怕很难回答清楚。

张明楷教授主张维护犯罪构成是犯罪成立唯一标准的目的是排除司法恣意，但是同样一种行为模式一会儿是抢劫行为一会儿又不是抢劫行为，就会使《刑法》条文的文字丧失了其本来的含义，使刑法规范规定的行为模式变得摇摆不定、不可捉摸，进而使刑法规范的内容变得不确定，内容的不确定势必违背罪刑法定原则确保公民对自己行为的性质和后果可预测性的要求，同时留给司法人员更大的恣意空间。

张明楷教授主张对犯罪构成进行实质解释的依据是“立法者在规定犯罪构成时，必然对符合犯罪构成的行为进行实质的评价。当立法者规定盗窃、敲诈勒索等罪的犯罪构成时，立法者在想：‘我描写的这些行为是社会无法忍受的，我要对这些行为进行谴责；所以我要通过犯罪构成要件规定这些行为并惩罚它们。’……正因为如此，构成要件都具有实质内容”。“既然如此，司法机关在解释、适用刑法分则条文时，也应当使犯罪构成整体所反映的社会危害性达到应受刑罚处罚的程度。换言之，解释者应当对构成要件进行实质解释；或者说只能将具有应受刑罚处罚程度的社会危害性的行为解释为符合犯罪构成的行为，而不是从形式上解释构成要件，使犯罪构成要件包含了不值得科处刑罚的行为。”〔1〕但本书认为，该解释依据其实是所谓的“立法原意”。然而，援用陈忠林教授的观点来讲，不可能存在具体明确的立法原意，立法原意的存在是个神话。对此见解本书深以为然，因为从法律的产生上看，现代国家已经不是专制君主制，立法活动是由很多人组成的立法机关集体进行的，绝大部分法律都是各种不同利益集团相互斗争、相互妥协的结果。从立法程序上讲，根据《立法法》的规定，一部法

〔1〕 张明楷：《刑法分则的解释原理》，中国人民大学出版社 2004 年版，第 231 页。

律的产生需要经过提出法案、审议法案和表决、通过法案最终形成法律三大阶段，每一个阶段都存在相应的不同主体，那么“立法原意”具体是指哪个主体的原意，不得而知。退一步讲，即便存在“立法原意”，司法者、执法者要想原原本本地把握其内容也是完全不可能的，一方面，这是因为立法者的原意只是立法者在立法过程中的思维活动，一般的司法者、执法者本身不是立法者，要他们完全了解代表各种社会利益的立法者在立法时是如何想的，这是绝对不可能的。另一方面，这是由人的认识必然具有相对性这一人类认识客观事物的基本规律决定的。对于任何存在于人们认识之外的客观事物，人们的认识都只能无限地接近它，不可能完全穷尽对它的认识。同时，由于人类认识客观事物的过程，总是一个用已有的知识来理解、诠释、界定认识对象的过程，所以，即使在同一个“立法者原意”面前，不同的司法者、执法者也可能因为自己立场、经验、经历不同，而对其产生不同的理解。[1]因此，基于所谓“立法原意”来解释法律存在根基不稳的缺陷，得出来的结论有时候是靠不住的。

其二，传统犯罪成立标准的理论把所有影响犯罪成立的定性和定量因素全部放在犯罪构成框架中在逻辑上存在矛盾。通过上文对我国《刑法》关于犯罪成立条件规定的梳理我们知道，我国《刑法》关于犯罪的规定是采取定性与定量相结合的模式。将定性规定纳入犯罪构成中没有任何问题，具体的犯罪认定不仅是笼统

〔1〕 参见陈忠林：《法理与情理：一篇被毙掉的序言》，载道客巴巴网 2013 年 12 月 8 日，https://www.doc88.com/p-9425408779680.html。

地界定某行为是不是犯罪，还要更加明确地划分出是构成此罪还是构成彼罪，此罪与彼罪的划分就需要有一个概括各种犯罪内在特殊本质的标准，而犯罪构成正是体现各种具体犯罪特殊本质的法律结构，是对各种犯罪内在特殊本质的法律归纳与抽象，因而犯罪构成承担着定性的功能。[1]

这里需要重点讨论的是能不能把所有的定量因素都放在犯罪构成中衡量。本书认为不可以。如上文所归纳，我国刑法关于犯罪的定量规定表现在《刑法》总则第 13 条的但书部分以及分则的数额（量）犯、部分结果犯、部分危险犯和情节犯中。对于数额（量）犯、结果犯和危险犯，由于其量的考量依据即“数额（量）”“结果”“危险”具有确定性，放在犯罪构成中很容易归位，例如，数额（量）犯的数额、数量要求可以作为犯罪构成客体要件[2]的内容，结果犯和危险犯作为评价严重程度参考指标的结果和危险也可以视为对象状态改变的表征作为犯罪构成客体要件的内容。但是由于《刑法》第 13 条但书和情节犯中作为社会危害性严重程度的评价指标的概括性情节在内容和功能上都具有不确定性（实际上都是本书所讲的酌定情节），它不是指特定的某一方面的情节，而是包含犯罪构成四个方面中反映任何一个方面的情节，如果将情节放在犯罪构成中就存在一个归位的问题：由于情节内容的综合性

---

〔1〕 当然，这里的定性与定量也是相对而言的，因为符合犯罪构成的行为事实也在一定程度上体现了社会危害性的量，只是犯罪构成侧重于对行为的定性考察。

〔2〕 本书所讲的犯罪构成的客体要件指的是“犯罪行为所侵害的人或物的存在状态”，或者“犯罪行为（欲）影响或改变的犯罪对象的特征”。由于非本书研究重点，这里不加阐述，相关论述请参阅陈忠林：《刑法散得集》，法律出版社 2003 年版，第 249～256 页。

特征，不可能将其具体作为某一个要件的内容；如果在每一个要件中都增加一个情节因素，即将犯罪构成要件都理解为开放性的因素，无疑意味着每一个犯罪构成要件都没有确定的内容，其结果不仅伤害了公民对自己行为及后果的可预测性，也使犯罪构成理论丧失指导人们理解认定犯罪的刑法标准的参照性。[1]更为严重的是，这种做法还会不恰当地缩小处罚范围，因为情节的内容虽然来自犯罪构成的四个方面，但最终对定罪起作用是对这些情节综合评价的结果，而不是某一个方面的单独功能，主观方面情节不严重可能其他三个方面有严重情节，如此等等，如果在每一个要件中都增加情节要素，势必导致因行为不符合某一个方面的情节要求而错误地出罪；如果将情节要件作为四要件之外独立的第五个要件，但这里的情节要件又没有自己独立的内容，而是来自前四个方面的要件，在逻辑上又显得很尴尬。

对此，张明楷教授也有相关论述，张明楷教授认为："'情节严重'不是属于犯罪构成某一个方面的要件，而是一个综合性的构成要件。正因为如此，可以认为，这种'情节严重'属于犯罪构成的综合性要件。"同时张教授又讲道："'情节严重'作为构成要件，其特点是综合性，涉及客观方面、主体、主观方面等内容，并非说它是独立于客观方面、主体与主观方面之外的某一个方面。"[2]本书认为，张教授一方面主张犯罪成立的情节要求是犯罪构成中的一个综合性的要件，另一方面又认为它不是一个独立的要件，难免有

---

〔1〕 参见陈忠林：《现行犯罪构成理论共性比较》，载《现代法学》2010年第1期。

〔2〕 张明楷：《刑法分则的解释原理》，中国人民大学出版社2004年版，第225页。

自相矛盾之嫌，最终还是没能解决情节要求到底放在犯罪构成中的哪个位置的问题。

针对传统观点中以上两点逻辑矛盾，本书认为，正确的解决方案只有一个，就是打破“犯罪构成是认定犯罪唯一标准”的传统认识，在犯罪构成之外另寻不确定的定量因素的理论归位，即将不确定的定量因素独立于犯罪构成之外单独评价。这样犯罪构成就不再是犯罪成立的充分条件，犯罪构成加上情节非显著轻微才是犯罪成立的法律标准，借用数学公式表达就是“犯罪构成 + 情节非显著轻微 = 犯罪成立”。在这个公式中，犯罪构成和情节非显著轻微都是犯罪成立的必要条件，其中犯罪构成主要起行为定性（行为类型）的作用，情节非显著轻微主要起社会危害性定量的作用；犯罪构成是第一位的条件，情节非显著轻微是第二位的条件，行为符合了犯罪构成才需进一步判断情节是不是显著轻微，行为不符合犯罪构成无须判断后者直接认定为不构成犯罪。

情节非显著轻微又具有两个层次的具体要求：第一个层次的要求是只要情节非显著轻微就足以认定为犯罪，这一层次适用于《刑法》分则罪状的规定中没有进一步概括性情节要求的情形；第二个层次的要求是情节只是非显著轻微还不足以成立犯罪，还必须在此前提下进一步达到情节严重或者情节恶劣的程度才能够成立犯罪，这一层次的要求适用于《刑法》分则罪状的规定中具有进一步概括性情节要求的情形。第二个层次的要求与情节非显著轻微的总体要求并不存在冲突，因为情节的严重程度本身存在等级之分，在情节非显著轻微的前提下，至少可以将其分为轻微、较轻、一般、较重、严重五个等级，这五个等级都属于情节非显著轻微的范围。具体言之，第一个层次的情节要求是情节轻微以上（包括轻微）即可成立犯罪，第二个层次的情节要求是情节必须达到严重程度以上（包括严重）才可以成立犯罪。

之所以会有这两个层次的差异，是因为行为本身的性质存在轻重程度的差别，《刑法》分则没有进一步情节要求的犯罪往往是这种犯罪行为本身的性质比较严重或者已经通过强调某一方面的具体因素使其达到了比较严重的程度，因而只要是情节非显著轻微（或言情节轻微以上）就可以成立犯罪；而《刑法》分则具有进一步情节要求的犯罪一般是这种犯罪行为本身的性质较轻而又没有补强其严重程度的具体附加因素，所以概括性地强调情节必须达到严重或者恶劣的程度才可以成立犯罪。

与这两个层次的情节要求相对应，犯罪成立的上述标准又可以具体分解为两种情况，即对于《刑法》分则条文本身规定了诸如"情节严重"等概括性情节要求的，为"犯罪构成 + 情节严重 = 犯罪成立"；[1]对于《刑法》分则条文本身没有规定诸如"情节严重"等概括性情节要求的，为"犯罪构成 + 情节非显著轻微 = 犯罪成立"。这样设计犯罪成立的标准一方面保证了犯罪构成内容的确定性，另一方面也确保了犯罪成立标准内在逻辑的融洽性。

犯罪成立的法律标准是认定犯罪的规范依据，针对此标准的理论总结是供司法实践遵循的思维判断模式。影响定罪的一切因

〔1〕《刑法》分则条文关于情节犯的情节要求规定的表述有"情节严重""情节恶劣"等，这里出于论述的方便统一表述为"情节严重"，下同。

素都必须纳入犯罪成立的法律标准进行评价，酌定情节影响定罪的功能同样需要沿着该标准所提供的路径才能得到全面准确的实现。

第二节　酌定情节在犯罪构成符合性判断中的作用

本书第一章谈到，酌定情节与犯罪构成要件是彼此区别的两个概念，犯罪构成要件主要决定行为的性质，酌定情节主要决定社会危害性的大小；犯罪构成要件是抽象事实，而酌定情节则是相对具体的事实；犯罪构成要件是法律具体规定的，而酌定情节则没有具体的法律规定，可能需要根据情理确定。然而，酌定情节与犯罪构成也并非毫不相关的两个事物，它们的区别也具有一定的相对性，在认定具体案件的过程中，对犯罪构成符合性的判断也并非离开酌定情节独立进行，有时候还需要借助酌定情节确定具体构成要件的符合性。酌定情节在犯罪构成符合性的判断中所起的作用集中体现在弹性要件符合性的确定上。

一、犯罪构成弹性要件的概念

我国《刑法》分则罪名中，存在大量的以“数额较大”、“数量较大”以及诸如“造成严重后果”、“引起……严重危险”等为构成要件内容的犯罪，我们通常分别称之为数额犯、数量犯、结果犯和危险犯。具体情形上文在梳理我国《刑法》规定犯罪的定量模式中已经有所介绍。这些犯罪类型的共同特点是构成要件的内容不是绝对确定的，而是含有一定的弹性因素，而弹性因素就体现在“较大”“严重”等字眼上，本书将犯罪构成中含有此等弹性因素的要件称为犯罪构成弹性要件。

上文在谈到犯罪成立的一般标准时提到犯罪构成有一个非常重要的特性，就是内容的确定性或者明确性，然而，上述弹性要件的存在是否破坏了犯罪构成的确定性呢？本书不这么认为，一方面，这些弹性要件只是量的弹性，其内容指向是确定的，如“数额”“数量”是直接就客体而言的，“后果”“危险”是针对客体状态改变而言的，而不像情节犯的“情节”可能是来自主观、主体、客观以及客体中的任何一个或几个方面，内容具有不确定性；另一方面，我们说构成要件的确定性或者明确性也是相对而言的，并不是绝对的确定，犯罪构成乃至所有的犯罪成立条件的明确性是我们努力追求的目标，但绝对的精确是一种幻想，或者说是认识上的错误倾向，立法不可能做到绝对的精确。但是这样说也不意味着纯粹地为法律的“不确定性”辩护，因为就抽象意义而言，所谓弹性要件也是确定的要件，它明确地向我们传递了立法者的这种坚定立场，即在众多的此种行为类型中，只有数额或者数量较大的、造成的后果或者危险严重的才可能纳入犯罪的范围；反之，如果数额（量）不大、后果或者危险不严重，是绝对不能被认定为犯罪的。因此，所谓弹性要件作为犯罪构成的要件本身而言是确定的，这是一种抽象的明确而不是具体的明确。从这个角度极端一点讲，如果抛开法律的可操作性不管的话，甚至可以说法律规定越是抽象越是明确越是不会有遗漏，例如，如果说整体刑法规范集中向我们阐释了“不能干坏事”这样一种观念，这一结论恐怕谁都不会否认。当然，全面打击犯罪只是刑法的功能之一，出于保障人权或者法律的可操作性和最大限度地排除法官恣意的考虑，立法者不能将刑法简单地规定为“干坏事的要受刑罚惩罚”，于是就产生了弹性要件的规定。因此，可以说弹性要件的规定起到了协调刑法打击犯罪与保障人权、刑法规范的确定性与可操作性，甚至《刑法》条文的教条性与情理的柔韧性之间的平衡关系的作用，发挥着不可替代的价值功能。

然而，对于这些弹性构成要件，究竟多少数额或者数量算是较大，行为造成的后果或者危险达到什么程度才是严重，有没有一个确定的标准？抽象地讲，这个标准是存在的，就是看这个行为所造成的损失有没有达到不得已而需要科处刑罚的程度，有没有突破一般民众所能够容忍的最大限度，不动用刑罚会不会造成使整体法律体系崩溃的危险。如果以上问题的答案是肯定的，那么数额(量)就是“较大”，后果(危险)就达到了“严重”的程度。具体到个案的认定中，则需要结合具体的案件情形确定，这些具体的案件情形主要就是酌定情节。

二、判断弹性要件符合性的酌定情节范围

上文在谈到酌定情节的类型时，提到按照时间顺序划分，可

以把酌定情节分为罪前酌定情节、罪中酌定情节和罪后酌定情节三种类型。是否这三类酌定情节都能够用以判断弹性要件符合性呢？要回答这个问题，还需要对“犯罪构成要件”是什么有一个正确的认识。

由于犯罪构成的一项重要功能是区分此罪与彼罪，因而犯罪构成必须是体现各种具体犯罪特殊本质的法律结构。〔1〕也就是说，犯罪构成是区分此行为与彼行为的标准，因此犯罪构成要件的实质就是各种具体犯罪特殊本质的体现，是反映一行为区别于其他行为的内在本质属性的法定因素，这一实质说明犯罪构成要件只能存在于犯罪行为之中。因为只有行为之中的事实才能体现此行为之所以是此行为的特殊之处，而行为之前的事实和行为之后的事实虽然与行为具有直接或者间接的联系，但不一定为该行为所特有，如行为前的一贯表现、行为后的态度等，罪前表现一贯很差的人所实施的行为也可能完全属于不同的类型，实施了不同类型的行为而事后的态度也可能是完全一样的。因此，只有犯罪行为之中的事实才可能体现行为的特殊本质，行为之前和之后的事实不能够担当此任。同样的道理，只有罪中酌定情节才是对犯罪行为事实的直接抽象，罪前酌定情节和罪后酌定情节虽然与犯罪行为具有一定的关联性，但是这种关联是间接关系而非直接关系，在归属上只能属于对行为之外事实的抽象，而不是直接针对行为事实本身的抽象。

所以，只有罪中酌定情节能够体现犯罪行为的特殊本质，可

---

〔1〕 参见陈忠林:《刑法散得集》，法律出版社 2003 年版，第 239 页。

以用于判断行为是否符合弹性的犯罪构成要件，罪前酌定情节和罪后酌定情节由于不能体现犯罪行为的特殊本质因而都不能担此重任。

三、酌定情节在判断弹性要件符合性中的作用示例

酌定情节可以用来判断弹性要件的符合性在司法解释以及司法实践中都有印证，这里不妨举例说明：

首先，以盗窃罪犯罪构成要件中的“数额较大”为例，我国《刑法》第 264 条以及《刑法修正案（八）》第 39 条规定的盗窃罪包含多种行为方式，其中基本的行为方式要求盗窃公私财物数额较大的才构成盗窃罪，这里的“数额较大”是一个确定的构成要件因素，然而究竟盗窃多大数额的财物才是数额较大？由于经济状况的差别，不同时期、不同地域甚至针对不同的被害人都可能会存在差异，基于刑法规范的稳定性与普适性，立法没有作出统一的精确规定，而是留待司法机关针对具体的案件灵活把握，因而，“数额较大”是普通方式的盗窃罪犯罪构成的弹性要件。关于“数额较大”的标准，最高人民法院、最高人民检察院《关于办理盗窃刑事案件适用法律若干问题的解释》第 1 条第 1 款作了规定，即盗窃公私财物价值 1000 元至 3000 元以上的，为“数额较大”。该条第 2 款同时规定，“各省、自治区、直辖市高级人民法院、人民检察院可以根据本地区经济发展状况，并考虑社会治安状况，在前款规定的数额幅度内，确定本地区执行的具体数额标准，报最高人民法院、最高

人民检察院批准”。

对于上述解释需要说明两点：第一，该解释并不等同于规定盗窃罪的刑法规范本身，只是指导我们理解盗窃罪的有关《刑法》条文规定的参考。换言之，盗窃罪的构成要件要素还是“数额较大”而不是1000元、3000元抑或1000元至3000元中的某一个具体数额。第二，该解释所规定的1000元至3000元的数额幅度是根据我国的经济发展总体状况、盗窃犯罪发生状况结合处理盗窃犯罪的司法实践而作出的大致参考标准，然而具体的盗窃案件千差万别、不一而足，“数额较大”的标准可能会有浮动，故该解释只是进行了幅度性的规定而不是具体规定为某一数额，同时授权各高级人民法院、省级人民检察院根据本地区有关状况具体确定各地区的标准。这一规定客观地尊重了盗窃罪具体情节的多样性，也给予我们这样一种理念性的启示，既然允许各省、自治区、直辖市高级人民法院、省级人民检察院根据本地区的经济发展状况、社会治安状况确定本地区执行的“数额较大”的标准，当然不应该排除法官在办理具体盗窃案件时根据案件发生地的经济发展状况、社会治安状况，结合案件的具体情节，斟酌判断具体案件数额是否属于“数额较大”，而不能够教条地拘泥于所在地的高级人民法院、省级人民检察院确定的“数额较大”的执行标准。这些据以确定是否符合“数额较大”的具体案件事实细节主要就是酌定情节，如盗窃所采用的手段、被害人的状况、盗窃行为所造成的后果等。

例如，上述司法解释第2条规定：“盗窃公私财物，具有下列情形之一的，‘数额较大’的标准可以按照前条规定标准的百分之五十确定：（一）曾因盗窃受过刑事处罚的；（二）一年内曾因盗窃受过行政处罚的；（三）组织、控制未成年人盗窃的；（四）自然灾害、事故灾害、社会安全事件等突发事件期间，在事件发生地盗窃的；（五）盗窃残疾人、孤寡老人、丧失劳动能力人的财物的；（六）在医院盗窃病人或者其亲友财物的；（七）盗窃救灾、抢险、防汛、优抚、扶贫、移民、救济款物的；（八）因盗窃造成严重后果的。”该解释正是将行为人前科情况、行为手段、行为时间、行为地点、行为对象、行为后果、被害人状况等酌定情节用于对“数额较大”这一弹性要件符合性判断的例证。

这里择其要者略做分析：其一，盗窃罪“数额较大”的数额既包括被害人所有权丧失的财物数额也包括因盗窃行为直接造成被盗财物物质性损失的数额，虽然所有权丧失的数额只达到一般标准的50%，但系采用破坏性的手段造成被盗财产物质性损失等严重后果的，可以确定为符合盗窃罪“数额较大”的要求。其二，如上文所述，盗窃罪“数额较大”的标准既然允许因时而异、因地而异，同样应该允许因人而异，同样是1000元钱，对于亿万富翁和生活贫困者来说其相对价值意义肯定是不相同的。由于残疾人、孤寡老人和丧失劳动能力的人在社会中处于相对弱势的地位，获取经济收入的渠道往往比较少甚至没有经济来源，生活通常比较困难，因此盗窃这些人的财物即使只是达到一般标准的50%，相对于被害人而言也已经是“数额较大”了。但是，能不能反过来认为盗窃一个腰缠万贯者的财产即使已经达到“数额较大”的起点也可以认为数额不大，不作为犯罪处理呢？显然不能一概而论。因为，这里的“数额较大”也要结合社会一般人的认识，虽然所谓的数额较大对于亿万富翁来讲只是“九牛一毛”，但如果对于社会一般人的平均经济标准来讲已经到了不可容忍的程度，不以犯罪论处就会对一般人造成不安感的话，显然不可以不定罪。其三，同样的道理，虽然只是达到一般标准的 50%，但是倘若该财物具有特殊用途，如系用于救灾、抢险、防汛、优抚、扶贫、移民、救济的款物，或如病人就医急需财物，或者被害人因失去具有特殊意义的财物悲痛至极而自杀身亡等，也可以认为符合“数额较大”的要求。由此看来，“数额较大”具有相对性，需要因时、因地、因人、因事而定，即依照具体的情节斟酌确定。

除数额（量）犯外，含有弹性因素的结果犯、危险犯的弹性要件符合性判断也需要借助酌定情节具体确定。例如，《刑法》第 229 条第 3 款规定的出具证明文件重大失实罪要求“造成严重后果的”才能构成犯罪，这里的“造成严重后果”就是该罪构成要件的弹性要素。何为“严重后果”？根据最高人民检察院、公安部《关于公安机关管辖的刑事案件立案追诉标准的规定（二）》第 74 条的规定，以下情况应当属于“严重后果”：（1）给国家、公众或者其他投资者造成直接经济损失数额在 100 万元以上的；（2）其他造成严重后果的情形。这一规定提示我们，直接经济损失数额等情形是影响出具证明文件重大失实罪弹性要件符合性判断的酌定情节。

又如，《刑法》第 330 条规定，违反《传染病防治法》规定的诸种行为，引起甲类传染病以及依法确定采取甲类传染病预防、控制措施的传染病传播或者有传播严重危险的，构成妨害传染病防治罪。其中什么情况属于“有传播严重危险”同样需要通过考察具体案件的酌定情节而定，如供水单位供应的不符合国家规定的卫生标准的饮用水的供应人群范围有多广、所供应的饮用水中有害物质的含量有多高、这些有害物质对人体的危害大不大，等等。

再如，《刑法》第 286 条规定，违反国家规定，对计算机信息系统功能进行删除、修改、增加、干扰，造成计算机信息系统不能正常运行，后果严重的，构成破坏计算机信息系统罪。其中“后果严重”为弹性构成要件，如何判断“后果严重”同样需要考察酌定情节。如在付某豪、黄某超破坏计算机信息系统案[1]中，被告人付某豪、黄某超等人租赁多台服务器，使用恶意代码修改互联网用户路由器的 DNS 设置，进而使用户登录“2345.com”等导航网站时跳转至其设置的“5w.com”导航网站，被告人付某豪、黄某超等人再将获取的互联网用户流量出售给杭州久尚科技有限公司，违法所得合计 754,762.34 元。法院裁判认定通过修改路由器、浏览器设置、锁定主页或者弹出新窗口等技术手段，强制网络用户访问指定网站的“DNS 劫持”行为，属于破坏计算机信息系统，后果严重的，构成破坏计算机信息系统罪。对于“DNS 劫持”，应当根据造成不能正常运行的计算机信息系统数量、相关计算机信息系统不能正常运行的时间，以及所造成的损失或者影响等，认定其是“后

〔1〕 参见付某豪、黄某超破坏计算机信息系统案，最高人民法院指导性案例 102 号（2018 年）。

果严重”还是“后果特别严重”。

需要依据酌定情节来判断犯罪构成弹性要件符合性的例子举不胜举，这里不再一一详述。

第三节　酌定情节在情节非显著轻微判断中的作用

通过本章第一节的论述可知，除了犯罪构成外，情节非显著轻微也是犯罪成立不可或缺的条件，那么怎么确定这一条件的符合性呢？既然是“情节”非显著轻微，其判断的依据当然只能是情节。鉴于《刑法》并没有就情节非显著轻微的内容作出详细具体的规定，这里的情节从类型上讲主要是酌定情节。

一、情节非显著轻微的说明

情节非显著轻微作为犯罪成立的法定的情节要求情形之一，源自我国《刑法》第 13 条犯罪概念中的但书规定。该但书内容在 1979 年《刑法》中就已存在，然而，随着 1997 年《刑法》将罪刑法定原则明确写入《刑法》条文，在 20 世纪末 21 世纪初引发了一场以现行《刑法》第 13 条但书为切入点、围绕犯罪概念展开的激烈争议：有的学者指出，罪刑法定原则为犯罪概念的确立提供了一定的规范标准，而我国《刑法》中的犯罪概念仍然采用社会危害性标准,这就导致社会危害性与罪刑法定的冲突。[1]甚至有学者直接主张将社会危害性逐出注释刑法学领域,以法益及法益侵害取而代之。[2]针对这些质疑,也有学者为我国《刑法》中犯罪概念的科学性作了辩护,论证了社会危害性与罪刑法定原则的一致性,[3]并有学者进一步探究了但书存在的深厚价值蕴涵和实践意义。[4]这场争论持续至今仍未停息。由于本书将情节非显著轻微直接作为犯罪成立的必要条件之一,故有必要在此对以上争议作出回应。

一般而言,国外刑法中的犯罪概念可以分为形式的犯罪概念和实质的犯罪概念两种类型。形式的犯罪概念,主张对犯罪法律特征的表述,仅从形式方面即以刑事违法性界定犯罪。实质的犯罪概念,倡导对犯罪本质属性的界定,只从实质方面即以社会危害性区分罪与非罪。前者如1810年《法国刑法典》第1条对违警罪、轻罪、重罪的规定,[5]这是最早在刑法典中规定的形式的犯罪的概念,这一规定对大陆法系国家产生深远影响,之后大陆法系国家的刑法典纷纷采取此种模式。[6]后者如1922年《苏俄刑法典》

---

〔1〕 参见樊文:《罪刑法定与社会危害性的冲突——兼析新刑法第13条关于犯罪的概念》,载《法律科学》1998年第1期。

〔2〕 参见陈兴良:《社会危害性理论——一个反思性检讨》,载《法学研究》2000年第1期。

〔3〕 参见李立众、李晓龙:《罪刑法定与社会危害性的统一——与樊文先生商榷》,载《政法论丛》1998年第6期;李立众、何赛龙:《为现行犯罪概念辩护》,载《法律科学》1999年第2期。

〔4〕 参见储槐植、张永红:《刑法第13条但书的价值蕴涵》,载《江苏警官学院学报》2003年第2期。

〔5〕 该条规定的内容是:"法律以违警刑所处罚之犯罪,称违警罪。法律以惩治刑处罚之犯罪,称轻罪。法律以身体性或名誉性处罚之犯罪,称重罪。"

〔6〕 参见刘树德:《宪政维度的刑法新思考》,北京大学出版社2005年版,第74页。

第6条关于犯罪概念的规定。[1]然而，形式和实质并非一对截然分开的范畴，而是同一事物有机联系的不同层面，实质源于形式，不能离开形式谈实质，形式是能够体现实质的形式，脱离实质内容的形式是不存在的。我们研究任何问题首先映入眼帘的是直观的形式，但又不能仅停留于此，只有通过对形式的分析，得出其中的实质，才是一个完整深刻的认识过程，才是正确的认识方法。对犯罪概念的确定也是如此，纯粹形式的犯罪概念容易导致法律的僵化教条，造成法律与社会现实之间的断裂，纯粹实质的犯罪概念最终会导致法律虚无主义的危险。基于对此种矛盾的正确认识，出现了形式与实质相统一的犯罪概念，主张犯罪概念的规定应兼顾形式和实质两个层面。例如，1960年《苏俄刑法典》第7条规定[2]的犯罪概念就是对反映法律虚无主义的犯罪实质概念扬弃的结果，是典型的形式与实质相统一的犯罪概念。[3]这种立法模式被许多社会主义国家借鉴。我国1979年《刑法》第10条以及1997年《刑法》第13条所规定的犯罪概念同样深受其影响。

然而，随着罪刑法定原则在我国1997年修订《刑法》时被纳入刑法规范，这种形式和实质相统一的犯罪概念却受到了各种各样的诘难。归纳起来，主要有以下两点：第一，《刑法》第13条的

---

〔1〕 该条规定的内容是："威胁苏维埃制度基础即工农政权向共产主义过渡时期所建立的法律秩序的一切危害社会的作为或不作为，都认为是犯罪。"

〔2〕 该条规定的内容是："凡本法典分则所规定的侵害苏维埃的社会制度和国家制度，侵害社会主义经济体制和社会主义所有制，侵害公民人身权、政治权、劳动权、财产权以及其他权利的危害社会行为（作为或者不作为），以及本法典分则所规定的其他各种侵害社会主义法律秩序的危害社会行为，都认为是犯罪。"

〔3〕 参见刘树德：《宪政维度的刑法新思考》，北京大学出版社2005年版，第77页。

规定会导致犯罪认定的社会危害性标准和规范标准这样相互冲突、相互排斥的双重标准，使犯罪概念的科学性大打折扣。〔1〕另有论者则进一步批判性地认为，在形式特征与实质特征相统一的犯罪概念中，实质特征其实处于主导地位，而罪刑法定原则的确立要求犯罪概念必须放弃实质合理性，转而采纳形式合理性，《刑法》第 13 条的规定很难兼顾犯罪的形式特征，因而与罪刑法定原则存在矛盾。〔2〕第二，《刑法》第 13 条的规定在逻辑上存在矛盾，但书的存在纯属重复，是画蛇添足之败笔。〔3〕

〔1〕 参见樊文：《罪刑法定与社会危害性的冲突——兼析新刑法第 13 条关于犯罪的概念》，载《法律科学》1998 年第 1 期。论者认为："在新刑法第 13 条规定的犯罪定义中使用了'危害社会'字样，突出了社会危害性，并用'危害不大'字样，强调了社会危害性程度大小对罪与非罪的决定意义。这样，就反映出在新刑法关于犯罪的定义中，存在社会危害性标准；同时该条还规定'依照法律应受刑罚处罚的……'又确立了规范标准。在一个定义中同时使用了互相冲突、排斥的两个标准来界定犯罪，势必影响罪刑法定原则在犯罪定义中的完全彻底体现，使犯罪这个基本定义乃至整个刑法典的科学性大打折扣。"

〔2〕 参见刘树德：《宪政维度的刑法新思考》，北京大学出版社 2005 年版，第 78、79 页。论者认为，"犯罪概念作为矛盾的存在物，形式特征与实质特征既对立又统一，其中实质特征又是矛盾的主要方面，居于主导地位，而形式特征是矛盾的次要方面，处于从属地位。因此，社会危害性在刑法典规定的犯罪概念中处于决定性的地位，为刑事违法性只是社会危害性的法律反映，不具有决定性的作用。犯罪的形式特征与实质特征发生冲突时，即行为的社会危害性与刑事违法性不统一时，应以社会危害性为最高的标准。"

〔3〕 参见樊文：《罪刑法定与社会危害性的冲突——兼析新刑法第 13 条关于犯罪的概念》，载《法律科学》1998 年第 1 期。论者认为："一切危害国家主权……都是犯罪，但是情节显著轻微危害不大的不认为是犯罪。"从这样的定义分析，除"一切"之后所列 6 类行为外，均不是犯罪；在"一切"这样的外延之下，但书是不应该存在的。要用"一切"就不用但书，要用但书就不应用"一切"。另外，在以规范为界定标准的情况下，"依照法律应当受刑罚处罚的"这几个字所表达的内容完全可以把但书所讲的内容包含进去，如果再讲但书，就有重复之嫌。因为，如果"情节显著轻微危害不大"，当然就不具有"应当受刑罚处罚"性，立法机关肯定不会把这种行为规范进刑法之中。"情节显著轻微危害不大"的行为是不是犯罪？若刑法认为是犯罪，就是犯罪；若刑法不认为是犯罪，那么这样的行为就不会被写进法典，根据"法无明文规定不为罪，法无明文规定不处刑"的罪刑法定原则，但书所述行为肯定不是犯罪。故论者认为但书部分纯属画蛇添足之败笔。

针对以上质疑，本书的认识是：

第一，社会危害性与刑事违法性并不矛盾，而是相互统一的。首先应当承认的是，《刑法》第 13 条的规定内含了社会危害性，前半段使用了“危害社会”的字样，但书部分又使用了“危害不大”的表述从反面强调了犯罪行为社会危害性程度的要求，这一规定所体现的社会危害性要求并无不妥之处，因为犯罪概念作为犯罪行为特有本质属性的集中反映，理应揭示其内在质的规定性，但这并不意味着认定犯罪的标准就是社会危害性，因为该条同时规定了“依照法律应当受刑罚处罚”的刑事违法性限制要求。至于论者认为社会危害性和刑事违法性是一对相互冲突、相互排斥的标准，并认为两者冲突时势必选择前者而难以兼顾后者的观点，是将社会危害性和刑事违法性截然分割看待的错误做法。社会危害性和刑事违法性是不可分割的相互统一体，二者统一于犯罪行为，是对犯罪行为不同层次的属性概括，前者是内在本质属性，后者是外在形式特征。离开了刑事违法性的所谓社会危害性标准必然不是刑法意义上的社会危害性，因为它不能解释诸如一般的合同违约行为造成另一方当事人巨大损失等社会危害性大的行为为什么不是犯罪。脱离了社会危害性的所谓刑事违法性标准，也将变成无源之水、无本之木，意味着立法认为什么是犯罪什么就是犯罪，其没有回答法律为什么将行为规定为犯罪，这样最终势必将人民逼向法律的对立面，法律也将沦为镇压人民的统治工具，变为反人民的法律。事实上，《刑法》第 13 条的规定也并非将社会危害性与刑事违法性截然分开，其是紧密结合、相互统一的。上述认为社会危害性很难兼顾刑事违法性的观点显然还是人为地将该条规定分割理解的结果。总之,只要采用了形式和实质不能截然分割的基本方法论,社会危害性和刑事违法性就无所谓主导和次要,无所谓兼顾与被兼顾的地位差别。

第二,《刑法》第 13 条的规定在逻辑上不存在问题。《刑法》第 13 条的"一切"和但书的适用只是表述方式的选择,并不存在冲突。两者共同指向犯罪含义的界定,前者是对犯罪概念的正面表述,后者则是反面补强,前者突出刑事违法性,后者强调社会危害性,两者相结合组成犯罪概念的完整定义。我们可以表述为"除情节显著轻微危害不大的外,一切……都是犯罪",也可以表述为"一切……情节不显著轻微危害大,依照法律应当受刑罚处罚的,都是犯罪",显然,相比之下,《刑法》第 13 条的现有表述更为清晰、更合乎逻辑。论者还认为,除"一切"后面所列举的 6 种行为外均不是犯罪,因而再以但书排除犯罪纯属多余。但论者忽略了即使这 6 种行为也存在社会危害程度的差别,而并非一概都是犯罪,而但书正是将其中危害程度不大的行为进一步排除在犯罪圈以外。论者还说但书前面已经使用了"依照法律应当受刑罚处罚"的限制性规定,该限制性规定已经将但书所讲内容排除在外,立法机关不会把"情节显著轻微危害不大"的行为规定为犯罪,写进刑法的行为都是犯罪。这种说法从理论上讲当然是成立的,但是论者忽略了这样一个基本事实:刑法关于犯罪的规定是通过文字表达出来的,语言文字作为表达载体,具有难以克服的局限性,其所呈现的含义总是具有中心明确边缘模糊的特点,再加上受立法技术的限制,《刑法》条文多是使用抽象性、概括性的语言对行为进行类型性的规定，而不是详细具体地列举，这就难以做到将形似犯罪但实际又达不到犯罪程度的形形色色的行为一一排除在犯罪圈之外，出于《刑法》条文简约性的考虑，需要借助第 13 条但书这样的总括性规定达至此目的。

第三，《刑法》第 13 条但书与罪刑法定原则并不冲突。正如本书第四章所述，罪刑法定原则存在形式主义和实质主义两种理解方式：若采纳实质主义的理解方式，很显然与《刑法》第 13 条但书的规定是一致的。若采纳形式主义的理解方式，似乎《刑法》第 13 条但书对罪刑法定原则存在一定的突破，然而，仔细分析也并不绝对。形式主义的罪刑法定原则的主旨在于限制国家刑罚权，缩小刑法的打击范围，从而实现刑法保障人权的功能。这与第 13 条但书的功能恰恰是一致的。因而形式主义的罪刑法定原则与《刑法》第 13 条但书具有异曲同工之妙。〔1〕退一步讲，即便认为其存在突破，也是一种良性的突破，可以认为《刑法》第 13 条但书是在罪刑法定原则的基础上为缩小刑法打击范围、保障人权所作的第二道限制。〔2〕更何况，发展至今日，仅采取形式主义理解或者纯粹的

---

〔1〕 参见储槐植、张永红：《善待社会危害性观念——从我国刑法第 13 条但书说起》，载《法学研究》2002 年第 3 期。

〔2〕 正如储槐植教授所言，罪刑法定原则本身也在不断发展变化：从绝对禁止适用类推到允许严格限制的扩大解释，从绝对禁止适用习惯法到允许习惯法成为刑法的间接渊源，从绝对禁止刑法溯及既往到从轻溯及，从绝对禁止不定期刑到允许采用相对的不定期刑，罪刑法定原则在保障人权的宗旨指导下，内容在不断更新、扩展。现在，不会有人认为刑法从轻溯及既往与罪刑法定原则相冲突，而会认为这是对罪刑法定原则的一种突破。如果说罪刑法定原则为缩小刑法打击范围、保障人权作了第一道限制，那么《刑法》第 13 条但书即是第二道限制。参见储槐植、张永红：《善待社会危害性观念——从我国刑法第 13 条但书说起》，载《法学研究》2002 年第 3 期。

实质主义理解都不再是明智之举，二者并举才是合理的选择，那么《刑法》第13条但书的这种限制又何尝不可呢？

综上所述，《刑法》第13条但书应当保留。相反，如果真像论者所主张的那样取消了但书的规定，那么《刑法》分则许多罪名的规定将无法适用。我国《刑法》分则所规定的犯罪，依据其社会危害性的大小，可以大致分为性质严重的犯罪和性质较轻的犯罪，前者如故意杀人罪、抢劫罪、强奸罪等，后者如危险驾驶罪，高空抛物罪，侮辱罪，诽谤罪，私自开拆、隐匿、毁弃邮件、电报罪等。对于本身性质严重的犯罪，由于其行为本身已经具有严重的社会危害性，一般没有但书存在的余地，但这也是相对而言，由于社会现实生活的复杂性，不排除虽然实施的是性质严重的行为但情节显著轻微危害不大的情形。对于本身性质较轻的犯罪，立法一般根据具体情况分别作了后果、数额（量）限定或者概括性地适用情节要求以保证刑法所打击的都是社会危害性达到一定严重程度的行为。然而，也有许多性质较轻的行为因受到认识能力或者立法技术的限制而没有任何有关社会危害性的量的要求的规定，例如，私自开拆、隐匿、毁弃邮件、电报罪，非法搜查罪，非法侵入住宅罪等。对于前者，尤其是适用概括性情节要求的情节犯，一般不需要适用《刑法》第13条但书的规定；[1]但是对于后者，如果无视《刑

---

〔1〕 这里所讲的一般不适用《刑法》第13条但书是就司法实践的具体适用而言的，就抽象的立法而言，《刑法》第13条但书适用于所有的分则罪名，因为该条但书逻辑上的反面意思就是犯罪行为必须是情节不显著轻微，从程度要求上讲，《刑法》只能将情节轻微以上（含情节轻微）的行为规定为犯罪，因而后果犯、数额（量）犯以及概括性的情节犯同样符合《刑法》第13条但书的规定，是在立法上对第13条但书的适用。

法》第 13 条但书的规定一律依照分则条文规定作为犯罪看待，显然属于刑罚权的不当扩张。

另外，我国《刑法》分则许多罪状的表述与《治安管理处罚法》对违反治安管理的行为的表述完全相同。例如，非法侵入住宅罪的“非法侵入他人住宅”的行为，非法搜查罪的“非法搜查他人身体”的行为，诸如此类行为究竟是违反《治安管理处罚法》的行为还是犯罪行为，区分的关键就是通过情节所体现的社会危害性的大小。因此，如果《刑法》取消了第 13 条但书，分则条文的许多犯罪行为将无法与违反《治安管理处罚法》的行为相区别，将会造成《刑法》和《治安管理处罚法》无法选择适用。

或许有人会主张将《刑法》分则条文所描述的行为实质解释为社会危害性达到一定的严重程度的犯罪行为。但是，一方面，如本章前文所述，这种解释方法会破坏犯罪行为的类型性，使分则条文对行为模式的描述变得不可捉摸；另一方面，如果取消了第 13 条但书的规定，这种实质解释的法律依据又在哪里？

另有一种观点，在将连带《刑法》第 13 条但书的社会危害性剔除出注释刑法学后，为了避免犯罪概念乃至刑法学堕入纯粹形式主义的泥潭，建议引入法益及法益侵害这个具有“实质”意义的概念，用法益替代传统刑法理论的犯罪客体，并将刑法法益纳入犯罪概念，以法益侵害作为犯罪的本质特征，由此取代社会危害性概念。[1]但是，法益真的是具有实质意义的概念吗？论者认为，法益

---

〔1〕 参见陈兴良：《社会危害性理论——一个反思性检讨》，载《法学研究》2000 年第 1 期。

可以理解为法律所保护的利益，刑法法益就是刑法所保护的利益，并认为法益与规范的关系是规范处于优先地位，法益只是依附于规范并支持其规范理论的概念，规范优于法益而存在，受制于立法机关“主观上的决定”。但是这样认为等于在说法律规定什么是法益、法官认为什么是法益，它就是法益，这样界定法益的话法益还有实质意义吗？另外，即便法益侵害中的法益因法律所保护的利益而具有实体内容，它同样不能够起到从实质上区分罪与非罪的作用，因为这里的法益同样是刑法之外的其他法律所要保护的利益，为什么侵害了法益就是犯罪呢？

为了解释这一问题，论者又主张，并非所有的利益都是刑法所保护的对象，只有那些重要的、基本的利益才是刑法所保护的，这种利益进入刑法的保护成为刑法法益，侵犯了刑法法益当然就是犯罪了。但是，本书认为，任何正当利益都是其他相关法律和刑法所共同保护的对象，只是保护的方式不同而已，其他相关法律是直接保护，而刑法则是基于其迫不得已性通过保护整个法律体系免遭崩溃性的破坏而间接保护。因而，以所谓刑法法益作为区分犯罪行为和一般违法行为的实质标准是行不通的。

或许论者还要认为，犯罪是在实质上侵害法益的行为，但是实质的法益侵害的判断标准是什么？恐怕还是要看对法益的侵害是否达到了应受刑罚处罚的严重程度，这不是同样回到了对社会危害性程度的判断上吗？可见，抛开《刑法》第 13 条但书，另寻所谓法益侵害的“实质”标准，最终还是不可避免地回到了其批判的原点。

刑法理论中还有一种观点，认为刑法理论中所研究的犯罪概念应当区分立法上的犯罪概念和司法上的犯罪概念，并认为立法上的犯罪概念和司法上的犯罪概念分别承载着不同的功能，不能够将两者混为一谈。〔1〕持该种观点的论者进一步认为，只有司法上的犯罪概念才是刑法典中的概念，是制度和规范层面的概念，而立法上的犯罪概念只能是刑法典之前的概念，是理论层面的概念。〔2〕论者提出此种观点的结论当然是废除《刑法》第 13 条但书或者排除其适用性。不可否认，论者主张将犯罪概念分解研究的做法在理论上是具有一定意义的，但是，对于司法实践而言没有任何意义。因为，很显然该种观点是站在立法绝对确定的基础上的，然而现实告诉我们，立法绝对确定只是一种幻想，受认识能力和立法技术水平的限制，《刑法》条文不可能将现实生活中形形色色的犯罪

---

〔1〕 参见王世洲：《中国刑法理论中犯罪概念的双重结构和功能》，载《法学研究》1998 年第 5 期。论者认为：立法上的犯罪概念，是指具有严重的社会危害性，应当由《刑法》规定为犯罪，适用刑罚予以处罚的行为；司法上的犯罪概念，是指符合《刑法》规定的构成要件，应当适用刑罚予以处罚的行为。立法上的犯罪概念的功能是：第一，揭示犯罪的本质属性，说明某种行为之所以在我国被宣布为犯罪行为就是因为其具有严重的社会危害性，即危害了我国国家和人民在政治、经济、文化、道德等方面的利益，由此揭示了把该种行为规定为犯罪的原因；第二，为中国的刑法立法提供了确定犯罪与非犯罪的标准，指出只有具有严重的社会危害性的行为，才能被我国《刑法》宣布为犯罪；第三，犯罪的立法概念中揭示的社会危害性的程度，为确定刑罚的轻重提供了标准与基础。司法上的犯罪概念的功能是：第一，坚持“罪刑法定”原则，“法律明文规定为犯罪行为的依照法律定罪处刑；法律没有规定为犯罪行为的不得定罪处刑”，禁止类推；第二，为划分犯罪与非犯罪、这种犯罪与那种犯罪提供了具体的、具有可操作性的法定界限与标准；第三，为分析研究中国刑法理论中的各种基本问题和具体问题，划定了范围并奠定了基础；第四，为刑事立法中确定犯罪的工作提供了应当考虑的基本构成要素与条件。

〔2〕 参见刘树德：《宪政维度的刑法新思考》，北京大学出版社 2005 年版，第 81 页。

行为都清清楚楚、详细具体地描述在内，只能使用概括性或抽象性的语言相对确定地规定，如此才不至于顾此失彼，造成法律漏洞或者不当地扩大犯罪圈。既然如此，离开了所谓立法中犯罪概念的实质判断，《刑法》条文将变成废纸一堆，无法适用。因此，所谓立法中的犯罪概念和司法上的犯罪概念这种将两者截然分开的做法是没有实际意义的。

最后，还需要说明的一点是，情节非显著轻微作为犯罪成立的必要条件之一，以行为符合犯罪构成为前提，并且只是一种消极判断。具体言之，若行为不符合犯罪构成，应当直接认定为不构成犯罪，无须再考虑情节是不是显著轻微，这是罪刑法定原则的必然要求。当然，在判断犯罪构成符合与否的阶段应当全面考察行为所涉及的所有相关罪名的犯罪构成，包括重罪名的犯罪构成和轻罪名的犯罪构成、此罪名的犯罪构成和彼罪名的犯罪构成。因为不排除有些行为虽然不符合重罪名、此罪名的犯罪构成，但行为的部分因素却符合轻罪名或者彼罪名的犯罪构成，这时如果不存在情节显著轻微危害不大的情形，完全可以依照相关轻罪名或者彼罪名的规定将该行为认定为犯罪，这样做并不存在违反罪刑法定原则的问题。因此，只有在全面考察了所有相关罪名的犯罪构成以后，确定行为不具有对应的符合性时，才能直接作出无罪的认定。若行为符合了犯罪构成，则需要进一步判断情节是不是显著轻微，但是这里只需要从消极方面考察情节是显著轻微的情形，而无须积极地寻找情节不显著轻微的因素。因为犯罪构成并非纯粹的行为类型，行为定型只是犯罪构成的主要功能或者核心功能，它同样能够在一定程度上体现社会危害性的量，毕竟具体的犯罪构成要件是从众多的同类行为事实整体中抽象出的行为特征，所以，一般来讲，行为符合了犯罪构成就已经在客观上彰显出该行为所造成的社会危害性已经达到了某种严重程度。在这种情况下，如果不存在反向的排除因素，就说明这种社会危害性已经达到了值得科处刑罚的严重程度。

二、分则罪名概括性情节要求的说明

证成了《刑法》第 13 条但书存在的合理性，《刑法》分则罪状描述中的概括性情节要求单独作为犯罪成立条件的必要性也就不言自明了。《刑法》第 13 条但书的规定说明成立犯罪的行为的社会危害性必须达到一定的严重程度，即分则罪名所涉行为的社会危害性必须在情节轻微以上（含情节轻微）。而社会危害性的大小是通过犯罪构成和情节共同体现的，前者对社会危害性量的体现依附在行为定性之上，后者则是纯粹体现社会危害性的大小。仔细分析写明“情节严重”的分则条文便不难发现，其所描述的“情节严重”之外的罪状内容往往比较轻，还不能使行为的社会危害性达到应当受到刑罚处罚的程度，却又很难通过强调某一具体的情节来予以补强以适应社会危害性量的要求，因而采用“情节严重”之类的概括性规定，以保证犯罪行为社会危害性的质量统一。至于为什么不能通过对犯罪构成进行实质解释或者将概括性的情节要求放在犯罪构成内部进行评价，前文已有详细论述，此处不再重复。

这里需要特别说明的是，我国《刑法》分则罪名的罪状可以分为两大类，一类是对具体犯罪特征的描述，即基本罪状，另一类是对加重或者减轻法定刑的适用条件的描述，即加重、减轻罪状。前者如《刑法》第249条前半段“煽动民族仇恨、民族歧视，情节严重的”规定。后者的加重罪状如该条后半段“情节特别严重的”规定。减轻罪状的立法例也有不少，如《刑法》第232条故意杀人罪后半段“情节较轻”的规定，类似的规定模式还有过失致人死亡罪、绑架罪等。需要说明的是，凡是存在概括性情节要求的罪状，只有基本罪状中的情节要求才是犯罪成立的条件，加重和减轻罪状中的情节规定只是法定刑升格或者降格的条件，而不能作为犯罪成立的条件，其理由本章第一节在谈到定罪的任务时已有论述。值得强调的是减轻罪状的规定，如《刑法》第239条第1款规定：“以勒索财物为目的绑架他人的，或者绑架他人作为人质的，处十年以上有期徒刑或者无期徒刑，并处罚金或者没收财产；情节较轻的，处五年以上十年以下有期徒刑，并处罚金。”其中“情节较轻”属于减轻罪状，它只是选择适用较轻法定刑的依据，而不影响绑架罪的成立。即无论绑架行为的情节是较重还是较轻，只要不是显著轻微，都构成绑架罪，只是在构成绑架罪的前提下，情节较轻的，可以选择较轻的法定刑。如果以“情节较轻”作为绑架罪成立的必要条件，容易使人们以为，绑架罪只有情节较轻时才能成立犯罪，这显然是违背常理的结论。[1]

---

〔1〕 参见张明楷：《刑法分则的解释原理》，中国人民大学出版社2004年版，第75～76页。

最后，还需要说明的一个问题是，作为犯罪成立的必要条件之一，分则罪名的概括性情节要求显然是积极的判断因素，司法实践中凡是分则罪状本身已经存在概括性的情节要求的，必然排除《刑法》第13条但书的直接适用。理由很简单，两者所判断的主要依据都是所有的酌定情节，即在对所有的酌定情节综合考察后如果符合了情节严重的要求，不可能再得出情节显著轻微的相反结论。

三、判断情节非显著轻微的酌定情节范围

上文在论述犯罪构成弹性要件符合性判断时，我们说只有罪中酌定情节才能够用于确定弹性要件的符合性，罪前酌定情节和罪后酌定情节不能担当此任。那么，确定情节非显著轻微符合性的酌定情节是否也只限于罪中酌定情节，还是也包括罪前以及罪后酌定情节？这是我们需要在此部分深入探讨的问题。首先，对于罪中酌定情节是确定情节非显著轻微的依据甚至是主要依据应该没有疑问。因为，从本质上看，情节非显著轻微是对行为的社会危害性没有达到应受刑罚惩罚程度的实质判断，罪中酌定情节直接衍生于犯罪行为本身，可以说是对行为社会危害性大小的最直接的反映，因此，罪中酌定情节当然是确定情节非显著轻微的主要依据。那么，罪前和罪后酌定情节究竟能否担当此任？本书认为同样是可以的。理由如下：

第一，从认定犯罪的基本原理上讲，犯罪的本质是社会危害性，如前文所述，社会危害性是对行为一体多面的抽象价值评价，

但它并不是一个空洞的抽象标准，而是由客观危害、主观恶性以及人格缺陷三个方面有机组合而成，也就是说，社会危害性需要通过行为所造成的客观危害、行为人的主观恶性以及行为人的人格缺陷三个角度考察才能具有实体的可把握性。社会危害性的上述三个方面分别对应着不同的酌定情节，例如，行为后果的严重程度是行为客观危害的直接反映，犯罪动机是否恶劣是行为人主观恶性大小的体现，而罪前和罪后酌定情节正是体现行为人人格缺陷的主要因素，这在前文酌定情节的分类部分也已经详细阐述。因此，罪前酌定情节和罪后酌定情节通过说明行为人的人格缺陷大小反映着行为社会危害性的程度，而这种社会危害性的程度最终指向罪与非罪的性质，因而成为情节是否显著轻微的判断依据。

或许有人会说，罪前酌定情节和罪后酌定情节即便是说明人格缺陷的因素，也不能作为定罪的依据，而只能影响刑事责任的大小，因而是量刑要考虑的因素。这种观点实际上否定了人格缺陷考察在定罪中的存在，认为人格缺陷只是刑罚裁量的根据。持这种观点的学者立足于“应惩罚的是行为，而惩罚的是行为人”的原理，认为“应受惩罚的是行为”是指定罪对象只能是行为，其评价的核心是社会危害性，刑事责任之所以能够产生，就在于行为的社会危害性达到了犯罪的程度；“惩罚的是行为人”是指适用刑罚的对象是犯罪人，犯罪人是刑罚的承担者，其评价的核心是人格缺陷，适用刑罚的目的在于预防犯罪人再次犯罪。[1]

---

〔1〕 参见曲新久:《试论刑法学的基本范畴》，载《法学研究》1991 年第 1 期。转引自陈兴良:《刑法哲学》，中国政法大学出版社 2004 年版，第 157 页。

然而，本书认为，这种将定罪与量刑割裂开来的做法在逻辑上是不能成立的。刑由罪生是罪刑关系的一般原理，所谓罪刑相适应指的就是刑罚的轻重应当与犯罪分子所犯罪行的严重程度相适应，如果在定罪阶段不考虑人格缺陷，刑罚裁量的时候又怎么能以之为根据呢？这种做法等于割裂了罪刑之间天然的逻辑关系。为弥补这种罪刑关系相脱节的局面，论者又引入了刑事责任的概念。然而，刑事责任的根据又在哪里？为什么在定罪中不需要考虑的因素在确定刑事责任大小时反而要考虑？刑事责任当然同样不能脱离犯罪而单独存在，所以这种尝试同样没能真正解决这一问题。[1]

实际上，所谓罪中酌定情节甚至犯罪构成要件都有反映行为人人格缺陷的成分，无论是犯罪动机的恶劣程度、手段的残忍程度，还是犯罪行为的性质、主观罪过的类型等要素无不昭示着行为人对刑法所保护的价值敌视、蔑视、漠视的态度，从而体现其人格缺陷的严重程度。进一步分析，上述观点实际上是把犯罪的社会危害性和犯罪人的人格缺陷截然分割开来，这种做法是不正确的。如本书第一章在论述酌定情节的本质时所提到的，行为人的人格缺陷是犯罪行为社会危害性本质的一个方面，二者是有机统一的整体，人格缺陷是通过已然的犯罪行为所展示出来的行为人的不良人格倾向，从技术上讲只有放在已然之罪的社会危害性中考察才具有可行性和可靠性，离开了已然之罪的现实社会危害性，人格

〔1〕 参见陈兴良：《刑法哲学》，中国政法大学出版社 2004 年版，第 158～159 页。

缺陷将会变得不可捉摸，也无法排除法官恣意的危险，人格缺陷入住刑法学也将成为一个危险的概念。

第二，从行为人思想的前后联系性上讲，人的意识的相对独立性决定了它具有相对稳定性。也就是说，在一定条件下和一定时间内不会发生重大变化。犯罪人主观上反社会的思想观念也是如此。这种思想观念在行为人实施犯罪的过程中表现得最为明显、最为直接。而其罪前的一贯表现和罪后的态度等因素也能够从不同的侧面反映其思想观念中反社会性的程度。罪前和罪后酌定情节虽然发生在行为之外，但它们与行为过程中的事实和情节密切联系、前后呼应，全面客观地表征出行为人思想观念中相对稳定的反社会缺陷。〔1〕因此，罪前酌定情节和罪后酌定情节为司法者由表及里、由浅入深、全面动态地评价行为人对社会主流价值的态度提供了相应的认识途径。例如，相对于偶犯、初犯而言，有犯罪前科的人、惯犯或者职业犯所具有的明显的反社会的人格缺陷都不止一次地被他们的行为所证实，为大众的经验所觉察；而一般情况下行为人选择自首、立功或积极赔偿被害人损失等则反映出其赎罪悔改之意，较之毁灭证据、逃避法律制裁，甚至威胁被害人的事后表现，行为人与社会主流价值由对抗到合作至少表明其反社会的人格缺陷程度有所降低。〔2〕

第三，从刑法对部分犯罪罪状的规定情形以及司法实践来看，我国刑法在罪与非罪的规定中存在对行为人事前表现和事后态度

〔1〕 参见王勇：《定罪导论》，中国人民大学出版社 1990 年版，第 88～89 页。
〔2〕 参见王利荣：《案外情节与人身危险性》，载《现代法学》2006 年第 4 期。

予以认可的情形，司法实践也非完全漠视。刑法规范对罪前酌定情节的认可主要表现在对惯犯或者多次犯的规定上。例如，《刑法》第 303 条第 1 款规定的赌博罪为“以营利为目的，聚众赌博或者以赌博为业的”行为，其中将“以赌博为业”的行为作为犯罪就意味着把案发前行为人的一贯赌博行为纳入赌博罪的评价范围内，作为判断罪与非罪的依据。

又如，《刑法》第 260 条规定的虐待罪，要求是“虐待家庭成员，情节恶劣的”行为。何为“情节恶劣”？通常认为，除考察手段是否凶恶残忍、动机是否卑鄙、后果是否严重外，还要看虐待行为是否具有经常性、一贯性，综合评价虐待行为是否对被害人造成肉体或者精神上的摧残、折磨，偶尔一次对家庭成员的打骂一般不应当认定为虐待罪。与前述赌博罪的罪与非罪的认定一样，所谓“经常性、一贯性”也是对行为人一贯虐待家庭成员行为的综合评价。

除以上立法例外，《刑法》第 264 条将“多次盗窃”作为盗窃罪的客观行为表现之一，《刑法》第 301 条第 1 款将“多次参加”规定为聚众淫乱罪的入罪情形之一，《刑法》第 351 条规定构成非法种植毒品原植物罪的情形之一是“经公安机关处理后又种植的”，以及《刑法修正案（七）》修正之前，《刑法》第 201 条将“因偷税被税务机关给予二次行政处罚又偷税的”规定为偷税罪，等等。这些立法例实际上都是将行为人的相关一贯表现作为影响罪与非罪的重要因素。

司法实践中对情节的适用也不仅限于犯罪过程中的事实，例如，2000 年最高人民法院出台的《关于审理破坏土地资源刑事案件具体应用法律若干问题的解释》第1条规定，非法转让、倒卖土地接近该解释规定的数量标准并具有其他恶劣情节的，如曾因非法转让、倒卖土地使用权受过行政处罚或者造成严重后果的，属于非法转让、倒卖土地使用权"情节严重"，因而构成非法转让、倒卖土地使用权罪。显然，该解释是将行为人之前的相关行为作为确定非法转让、倒卖土地使用权罪成立条件的法定的情节要求的因素。

以上都是刑法规范或者司法实践对罪前酌定情节予以认可的例证。同样情况，罪后酌定情节也不乏其例，如2009年《刑法修正案（七）》对《刑法》第201条偷税罪的罪状做了修改，并在原规定第3款后面增加一款内容，即"有第一款行为，经税务机关依法下达追缴通知后，补缴应纳税款，缴纳滞纳金，已受行政处罚的，不予追究刑事责任……"这显然是事后的行为表现对逃税罪的罪与非罪起到了决定性的作用。

综上所述，在认定犯罪时，可用于判断情节非显著轻微符合与否的酌定情节范围不限于罪中酌定情节，还包括罪前和罪后酌定情节。例如，在郝某东盗窃案〔1〕中，被告人郝某东盗窃他人5.3万元，盗窃数额达到了特别巨大（当地盗窃数额特别巨大的起点标准为5万元）的标准，又没有法定减轻处罚、免予处罚情节，依法应当以10年有期徒刑以上刑罚量刑。但是，法院认为被告人郝某东盗窃的是与自己关系密切的亲属的财物，犯罪对象的特殊性十分

〔1〕 参见《郝某东盗窃案［第615号］——如何认定盗窃犯罪案件中的"情节轻微，不需要判处刑罚"》，载《刑事审判参考》总第73集。

明显，在量刑时应当区别于其他普通盗窃行为。本案被告人郝某东是被害人郝某厚的亲侄孙，且从小与被害人郝某厚共同生活；虽然二人不是近亲属，但是属于五代以内的旁系血亲，属于有共同生活背景的亲属关系。虽然最高人民法院《关于审理盗窃案件具体应用法律若干问题的解释》（已失效）第 1 条第 4 项的规定针对的是近亲属之间的盗窃犯罪，但是根据解释体现的宗旨和精神，在关系密切的亲属（非近亲属）之间发生的盗窃犯罪也应当有别于其他盗窃案件，在定罪量刑时酌情予以考虑。同时，被害人表示谅解且不希望追究被告人刑事责任，所盗窃财物的绝大部分于案发当日追回，并未造成被害人实际损失，被告人犯罪时刚刚成年，犯罪主观恶性不深，犯罪实际造成的危害范围和程度有限，因此可以从宽处理。法院根据上述解释第 1 条第 4 项规定的精神和宗旨，适用《刑法》第 37 条的规定，认定郝某东的盗窃行为“情节轻微不需要判处刑罚”，判处被告人郝某东免予刑事处罚。该案被告人被免予刑事处罚，正是被告人的年龄、生活背景、被告人与被害人的亲属关系、被害人谅解、追赃挽损等罪前、罪中、罪后酌定情节综合作用的结果。

— 第七章 —
酌定情节在量刑中的作用

酌定情节能够影响量刑是刑法理论和司法实践一致认可的功能。量刑活动是一个围绕刑罚具体适用的分阶段、多环节的动态裁量过程。酌定情节是只在其中某些环节起作用，抑或在每一个环节都起作用？影响各个阶段量刑的酌定情节范围有哪些？定罪过程中适用的酌定情节能否在量刑时再次适用？本章将主要针对这些问题展开论述。

第一节 酌定情节影响量刑的作用场域：量刑的内涵和外延

量刑是刑法适用的核心内容之一，在追究犯罪人刑事责任的整个过程中，量刑处于从定罪到刑罚执行完毕的中间环节。酌定情节在量刑中发挥作用的场域，实际上就是量刑的内涵和外延。

一、量刑的内涵

何为量刑？我国刑法理论的通说认为，量刑，即刑罚的裁量，具体是指人民法院根据刑事法律，对于构成犯罪的行为人，确定其是否判处刑罚、判处何种刑罚以及如何执行刑罚的审判活动。[1]根据此定义，量刑的主要内容如下。

第一，决定对犯罪分子是否适用刑罚。虽然应受刑罚惩罚性是犯罪的本质特征，并且在大多数情况下判处刑罚是犯罪的必然结果，然而犯罪行为的社会危害性程度千差万别，不同犯罪行为应受刑罚惩罚的程度因此具有强弱之分。针对不同情形的犯罪行为也并非一律判处刑罚，如果犯罪行为的情节轻微不需要判处刑罚，可以免予刑事处罚，这也是刑法的不得已性这一根本属性在刑罚适用中的体现。我国《刑法》第 37 条从总体上对这一基本原理给予了肯定，除此之外，我国《刑法》总则和分则中还规定了许多允许免除处罚的具体情节。因此，在量刑活动中必须全面考虑犯罪行为的情节，考察有无不需要判处刑罚的情形，斟酌实际判处刑罚的必要性。

第二，决定对犯罪分子适用何种刑罚。在综合考虑了所有情节以后，如果没有免予刑事处罚的理由，或者虽然存在免刑理由但

---

〔1〕 参见高铭暄、马克昌主编：《刑法学》，中国法制出版社 2007 年版，第 300 页。

不足以得出免除刑罚处罚的结论，那么判处刑罚则是必然的结局。由于不同情形的犯罪行为的社会危害性程度存在差别，根据罪刑相适应原则的要求，审判机关在量刑的时候就需要根据不同情节所体现的客观危害的大小、主观恶性的程度以及人格缺陷的强弱判处与之最相适应的刑罚。我国《刑法》总则从刑种到刑量以及部分刑罚的适用条件规定了完整的刑罚体系，同时《刑法》分则针对不同的犯罪情形规定了不同幅度的法定刑，为司法实践中实现罪刑相适应原则，准确量刑提供了前提和根据。在量刑过程中，则需要根据《刑法》总则和分则关于刑罚的规定，依据不同的情节，选择最为恰当的刑种，并在此基础上量定最为适应的刑罚程度。

第三，决定对被判刑的犯罪分子如何执行刑罚。《刑法》是整个法律体系中最为严厉的部门法，它剥夺或限制的都是人生存和发展中最为基本的权利，同时《刑法》也是最为“仁慈”的法律，它的适用总是出于迫不得已的原因，从刑事立法到刑事司法无不彰显出对人性的关怀，对权利的尊重，时刻充满着“人情味”。刑罚制度的设置就是如此，我国《刑法》除规定刑罚种类和幅度外，还就刑罚的执行方式规定了特殊制度，除在生效判决中可以根据犯罪行为的不同情况适用缓刑制度、死缓制度外，还包括刑罚执行过程中的减刑、假释等制度，每一个环节都给犯罪分子留有改过自新、回归社会的机会。这些制度虽然不属于刑种，不影响刑罚的严肃性和严厉程度，但却直接决定着刑罚的执行方式，因而必须在量刑活动中决定是否适用，是量刑的重要内容。但是，通说观点一般认为量刑活动中所决定适用的特殊刑罚制度仅指缓刑制度和死缓制度，而不包括刑罚执行过程中的减刑和假释制度。〔1〕本书认为，从减刑和假释的裁量实质上讲，减刑和假释的裁量同样属于量刑的内容，对此下文还有详细论述。

以上内容是司法实践中量刑活动必不可少的核心任务，正是出于以上量刑内容的考虑，理论中给量刑下了上述通说定义。然而，有学者却基于同样的理由，对量刑的通说定义提出了疑问。例如，有学者认为，将量刑定位为刑罚的裁量不能涵盖量刑活动的全部内容，因为实践中的量刑不仅包括裁量刑罚，还包括裁量非刑罚处罚，甚至包括给予单纯宣告有罪的处罚。刑罚的裁量不应当包括非刑罚的裁量，更不应当包括给予单纯宣告有罪的裁量，因而把处以非刑罚处罚和单纯宣告有罪的裁量称为刑罚的裁量，在逻辑上存在不当。基于此种考虑，论者提出用刑事责任统领犯罪的所有法律后果，其中刑罚只是刑事责任最基本、最主要的表现形式，但不是刑事责任的全部，除此之外，还包括非刑罚处罚措施和单纯宣告有罪，当然，量刑即为裁量刑事责任，包括是否判处刑罚、判处何种刑罚、判处多重刑罚、判处何种非刑罚处罚甚至单纯宣告有罪，等等。〔2〕这种观点的出发点是努力使量刑反映刑法立法和司法的现代化，遵循量刑的基本规律，使量刑观念转向现代化，这是值得称赞的。然而，就具体观点而言，本书却略有不同愚见，供论者批判。

在本书看来，判处非刑罚处罚措施和单纯宣告有罪完全可以

〔1〕　参见高铭暄、马克昌主编：《刑法学》，中国法制出版社 2007 年版，第 301 页。

〔2〕　参见石经海：《量刑个别化的基本原理》，法律出版社 2010 年版，第 30～42 页。

纳入刑罚裁量的范畴，因为，从逻辑上讲，“是 A” 与 “非 A” 虽然是不相兼容的两个对象，但是对 “是 A” 还是 “非 A” 的判断过程却是针对同一事物的确定，不能因为得出的结论是 “非 A” 就否定判断对象的原本属性，至于在得出 “非 A” 结论的情况下，是 “B” 还是 “C” 抑或其他，只是具体说明不是 “A” 的理由，但始终都是围绕着 “A” 在说明问题。刑罚的裁量也是这样，它的结局既包括处以刑罚处罚也包括不处以刑罚处罚，但不管结论如何，这一过程都是针对是否适用刑罚以及如何适用刑罚的裁量。至于免予刑事处罚的情况下，是予以训诫或者责令具结悔过、赔礼道歉、赔偿损失，还是建议由主管部门予以行政处罚或者行政处分，只是进一步说明不需要判处刑罚的理由。因为应受刑罚惩罚性是犯罪的本质特征，既然认定了是犯罪，就应当受到刑罚惩罚，但是犯罪行为的情节轻重千差万别，针对不同的情节是否有实际适用刑罚的必要则不能一概而论，为什么不判处刑罚，则需要给出一个让社会一般人能够接受的理由。对于免予刑事处罚后，予以训诫或者责令具结悔过等都只是对这种理由的说明，即仅对犯罪分子适用非刑罚处罚方法就足以令社会一般人接受，因而没有判处刑罚的必要。至于单纯宣告有罪，则一定是犯罪行为情节轻微的程度十分明显，因而明显不具有判处刑罚的必要性。所以，刑罚的裁量足以概括量刑活动的全部内容。

退一步分析，即便认为量刑是对刑事责任的裁量，刑事责任的内容也只能是刑罚的轻重有无，而不能包括非刑罚处罚措施。一方面，刑罚是《刑法》区别于其他部门法的核心标志，划分刑事责任、行政责任和民事责任的依据也只能是各自独特的责任内容，离开了刑罚则无法清楚界定刑事责任的实质，也无法将刑事责任与行政责任、民事责任区别开来。因为，行政处罚、行政处分明显不属于刑事责任的内容，赔礼道歉、赔偿损失也非《刑法》所独有的制裁措施。另一方面，非刑罚处罚措施在本质上很难说是刑事责任。因为，在我国刑事责任通常被理解为犯罪的法律后果，而犯罪行为的社会危害性有轻重程度之分，那么根据罪刑相适应原则的要求，犯罪的法律后果必然存在严厉程度之别。例如，《刑法》就刑罚的种类和刑量都有着体系性的规定，而对于非刑罚处罚措施中的训诫、具结悔过、赔礼道歉是否严厉、如何严厉则缺乏具体的评价标准。

当然，也有学者认为，行政处罚、行政处分、责令赔偿损失等非刑罚处罚方法是由《刑法》明文规定的，当它们被用作追究犯罪人刑事责任的方法时，就是犯罪的法律后果。〔1〕但是，要知道，并非《刑法》条文所规定的内容都是刑法规范，例如，《刑法》第 79 条、第 82 条关于减刑程序、假释程序的规定明显就属于刑事诉讼法的内容。并不是所有因犯罪行为所产生的责任都是刑事责任，例如，《刑法》第 36 条第 1 款规定："由于犯罪行为而使被害人遭受经济损失的，对犯罪分子除依法给予刑事处罚外，并应根据情况判处赔偿经济损失。"这一规定是刑事诉讼中提起附带民事诉讼的实体根据，但赔偿经济损失显然是民事责任的内容。

---

〔1〕 参见张明楷：《刑法学》(第 4 版)，法律出版社 2011 年版，第 560 页。

上述论者还提出一种担心，即如果不把非刑罚处罚措施作为刑事责任看待，“要么就自相矛盾——对构成犯罪的只追究行政责任、民事责任；要么就以结果否认前提——既然给予的是行政处分、民事制裁，其行为就不是犯罪行为。”〔1〕本书的认识是，对于定罪免刑并判处非刑罚处罚措施的情形，不是适用了非刑罚处罚措施就是追究了刑事责任，而是定罪本身就是追究了刑事责任，因为应受刑罚惩罚性是犯罪的本质特征，正是由于某行为应当受到刑罚处罚，或者应当追究刑事责任才将其认定为犯罪，因而，定罪本身就是对行为应受刑罚惩罚性的肯定，是追究刑事责任的体现。所以，否定非刑罚处罚措施的刑事责任属性并不存在上述矛盾。

综上所述，通说的量刑定义应当坚持。

二、量刑的外延

通过上文对量刑的概念和内容的分析可以得知，刑罚的裁量并不是绝对的一次性就能完成，而是需要一个动态的裁量过程，从大的方面讲，包括判决宣告前的量刑和刑罚执行中的量刑两个阶段。前者是指宣告刑的最终确定以及刑罚执行方式的确定，具体包括决定是否适用刑罚，适用何种刑罚，适用多重的刑罚以及是否适用缓刑、死缓等特殊刑罚执行制度。后者是指刑罚在执行中的变更，即由宣告刑到执行刑的裁量，主要是刑罚执行过程中是否适

〔1〕 张明楷:《刑法学》(第4版)，法律出版社2011年版，第560页。

用减刑、假释等刑罚执行的特殊制度以及如何适用的裁量。第一个阶段的刑罚裁量是通说认可的量刑的当然内容，很容易理解，因而无须再次展开说明。第二个阶段的刑罚裁量在刑法论著中往往放在刑罚执行部分讲述，然而，在本书看来，刑罚执行过程中减刑和假释的裁量实质上仍然属于量刑的内容。因为刑罚执行过程中的变更无论是其主体、对象还是内容都与第一阶段的量刑相一致：减刑和假释的裁量主体都是人民法院，对象都是同一犯罪分子，内容都是围绕着刑罚而展开——减刑是对原判刑罚量的减少，假释是原判刑罚执行方式的变更。所以，第二个阶段仍然是对刑罚的裁量，属于量刑的范畴。由此看来，量刑在实践中就是一个动态的过程，当然，这种动态量刑的存在也有着深层的理论依据，主要体现在如下四点。

其一，动态量刑取决于对社会危害性的动态把握。刑罚裁量的根本依据是体现在犯罪行为中的社会危害性的量，社会危害性的量又具体通过客观危害、主观恶性以及人身危险性的程度得以展现。从理论上讲，犯罪行为一旦结束，客观危害、主观恶性和人格缺陷在客观上就已经基本固定，然而实践中，受到认识能力的有限性和评价技术的复杂性的制约，却不一定能够一次性全面准确地认识。因为，客观危害既包括物质性的损害和损害的危险，也包括犯罪行为对社会一般民众所造成的精神上的伤害或恐惧，前者比较容易把握，而准确把握后者的难度显然要大一些。至于主观恶性和人身危险性由于是偏主观性的东西，考察的难度则会更大，并非能够一次性轻而易举地准确完成。因而对社会危害性三个方面的把握需要有一个动态的跟踪考察过程，根据在犯罪分子改造过程中社会一般民众精神创伤的抚平程度以及犯罪分子主观恶性和人格缺陷的消长来灵活调整刑罚或者变更执行方式。根据犯罪分子在改造过程中的表现，如果社会一般民众的精神创伤得到了很好的抚慰，犯罪分子的主观恶性和人身危险性明显减弱甚至消除的话，可以减刑或者假释；如果是相反甚至在刑罚执行过程中其又犯新罪，则需要照常执行原判刑罚甚至将原罪没有执行完毕的刑罚与新罪刑罚数罪并罚。

其二，动态量刑是罪刑相适应原则的体现。刑罚的执行过程是一个持续体现罪刑相适应原则的过程，罪刑相适应原则在刑罚执行过程中侧重体现在人格缺陷的消长对刑罚执行的影响，兼及客观危害与主观恶性的变化对刑罚执行的影响。由于刑罚执行过程中伴随着对犯罪分子的教育改造，一般而言，犯罪分子接受教育改造后主观恶性会逐渐降低，与刑法所保护价值的对立态度也会随之缓和，客观上也削弱了社会公众因犯罪分子的犯罪行为而产生的恐惧感。按照罪刑相适应原则的精神，刑罚自然也要随着这种变化而作出相应调整，即适当减轻原判刑罚或者在符合法定条件的情况下予以假释。当然，不排除有些犯罪分子在刑罚执行过程中并没有积极悔改的表现，甚至又犯新罪，对于这种情形，则必须不折不扣地执行原判刑罚，甚至将前罪没有执行完毕的刑罚和后罪所判处的刑罚数罪并罚。这些都是罪刑相适应原则在刑罚执行过程中的体现。

其三，动态量刑是宽严相济刑事政策在刑罚执行中的具体运用。宽严相济刑事政策是贯穿刑事司法始终的基本刑事政策，在量刑活动中表现得尤其突出。当犯罪分子在刑罚执行过程中具有遵守监规、接受教育改造，确有悔改表现等情节时，在符合法律规定的条件下，应当受到从宽的奖励，予以减刑或者假释；反之，则应严格执行原判刑罚。

其四，动态量刑是实现刑罚目的的要求。刑罚的目的是保护全体公民的基本人权，然而，一方面刑罚的目的必须实现，另一方面实现这一目的又需要花费巨大的司法成本。出于实现刑罚目的必要性和刑罚成本的“算计”，就不得不在刑罚执行过程中时刻考虑刑罚的目的是否已经达到或者实现到了什么程度，从而适时对刑罚进行调整，具体言之就是结合犯罪分子的改造效果、依据犯罪分子在服刑中的表现，灵活决定刑罚执行的多少和执行的方式。

第二节　影响量刑的酌定情节范围

一、罪前、罪中和罪后酌定情节都影响量刑

就第一个阶段的量刑而言，罪前、罪中和罪后酌定情节都会发挥作用当无疑义。因为无论是罪中酌定情节还是罪前、罪后酌定情节都能够体现犯罪行为社会危害性的大小，其中罪中酌定情节主要体现了客观危害和主观恶性的程度，罪前、罪后的酌定情节则主要是体现人格缺陷的强弱，而量刑的本质就是在犯罪行为的社

会危害性达到应受刑罚处罚程度的质确定的前提下对社会危害性量的展开。根据《刑法》总则第 61 条的规定，这里的社会危害性的量通过犯罪的事实、犯罪的性质、情节和对于社会的危害程度得以体现，其中“情节”扮演着重要角色。当然，受到评价技术的限制并基于阶段性量刑任务的分工，影响第一个阶段量刑的罪后酌定情节在时间上只能截至终审判决作出前，否则第一个阶段的量刑任务将无法实现，至于终审判决作出后犯罪人的行为表现等则是影响第二个阶段量刑的酌定情节。

就第二个阶段的量刑而言，实践中多局限于以犯罪分子在刑罚执行过程中的表现为根据确定是否予以减刑或者假释，而往往忽视刑罚执行前的罪后酌定情节以及罪中、罪前酌定情节，但本书认为，后者同样起着至关重要的作用。因为，从我国《刑法》关于减刑、假释的条件规定来看，《刑法》总则第 78 条、第 81 条除了从积极方面规定了可以或者应当予以减刑、假释的许可条件外，还从消极方面规定了诸多限制因素，主要表现在《刑法》第 78 条第 2 款对减刑以后实际执行的刑期和第 81 条第 1 款前半段对假释前已经执行的刑期必须达到相应法定时长的限制要求。查看条文可以发现，这些实际执行刑期的限制性时长使用的措辞是“不能少于”“以上”，结合《刑法》总则第 99 条的规定可知，这里的“不能少于”和“以上”的意思都是指“大于或者等于本数”。那么在实际运用这些条文确定减刑或者假释的时候，究竟减刑后实际执行的刑期或假释前已经执行的刑期是等于还是大于法定时长，在大于的情况下具体应当超过多长时间能够减刑或者假释？再者，即便是这些法定的积极和消极条件都符合的情况下,《刑法》第 78 条规定除有重大立功表现时“应当减刑”外,一般情况下只是“可以减刑”,第 81 条同样只是规定“可以假释”,究竟是减刑还是不减刑、假释还是不假释还需法官具体斟酌而定,那么斟酌的依据是什么?另外,在确定能够减刑以后,一次减掉多大的幅度、两次减刑的间隔时间应该多长?确定这些问题的答案,除了要详细考察犯罪分子在服刑过程中是否真诚悔改,悔改之意是否十分明显外,还要在其犯罪的事实、犯罪的性质、犯罪行为对于社会的危害程度以及刑罚执行前的酌定情节中寻找。

由此可见,罪前、罪中酌定情节以及刑罚执行前的罪后酌定情节对于是否减刑、能否假释、减刑的幅度以及减刑后实际执行刑期超过法定最低要求的时长、假释前执行原判刑期或者实际执行时间超过法定最低要求的时长具有限制性作用。一方面,是因为罪前、罪中酌定情节以及刑罚执行前的罪后酌定情节是犯罪行为的社会危害性的集中反映,从刑罚报应的角度讲理应对刑罚执行过程中的变更起到限制作用。《刑法》第 81 条第 2 款“对累犯以及因故意杀人、强奸、抢劫、绑架、放火、爆炸、投放危险物质或者有组织的暴力性犯罪被判处十年以上有期徒刑、无期徒刑的犯罪分子,不得假释”的限制性规定就是例证。那么实质上与累犯一样都是说明犯罪人人格缺陷程度的罪前酌定情节和罪后酌定情节,以及附随在犯罪过程中的罪中酌定情节缘何不能限制刑罚执行中的变更呢?另一方面,基于对主观内容查证的困难,并不能绝对排除刑罚执行过程中犯罪分子非出于真诚悔过而功利性地遵守监规,被动接受改造，假装悔改，为了获得从宽待遇而“立功”甚至“花钱买功”的情形；若一律依服刑期间的酌定情节变更刑罚，难免与刑罚变更制度的设置目的背道而驰。

通过以上论述可以得知，从存在时间上讲，无论对于第一个阶段的量刑还是第二个阶段的量刑，罪前酌定情节、罪中酌定情节以及罪后酌定情节都发挥着不容忽视的重要作用。

二、定罪中适用过的酌定情节同样影响量刑

上文从形成时间类型上说明了影响量刑的酌定情节范围，那么是否所有的罪前、罪中以及罪后酌定情节都能够在量刑中适用呢？这一问题的实质是定罪中使用过的酌定情节能否在量刑中再次适用。

关于此问题，刑法学界存在否定论和肯定论两种对立的观点。否定论者大多将我国刑法中的情节划分为定罪情节和量刑情节两种类型，并对二者进行严格区分。例如，有学者将我国《刑法》中的情节分为三个种类：第一类是作为符合犯罪构成事实的情节；第二类是作为选择法定刑依据的情节；第三类是在既定法定刑之下影响具体量刑的情节。并认为，前两类情节发挥了各自的作用后，就不能再作为第三类的量刑情节予以考虑。[1]也有持类似观点的学者直接将我国《刑法》中的犯罪情节分为定罪情节和量刑情节，

---

〔1〕 参见张明楷：《刑法学》(第4版)，法律出版社2011年版，第509页。

定罪情节是指那些对于构成犯罪或者区分轻罪与重罪具有决定影响的情节，这些情节往往表现为一定的犯罪构成要件。量刑情节是人民法院对犯罪分子量刑时据以决定处刑轻重或者免除处罚的各种情况。并认为定罪情节不得在量刑时再次使用，定罪情节在确定某一行为是否构成犯罪时已经使用一次，如果在量刑时再次使用这一情节，就是重复评价，应当禁止。〔1〕肯定论者虽然也在概念上区分定罪情节和量刑情节，但是在对两者关系的认识上却并非截然分割。例如，有学者认为定罪情节和量刑情节并非没有关系，“毋宁说，两者的关系是复杂的，这种复杂性主要表现在它们在功能上具有交叉重合的关系，即一个情节在某种情况下既是定罪情节又是量刑情节，因而在定罪与量刑时均需起作用”。〔2〕也有学者明确对“作为定罪的情节不应重复评价为量刑情节”的观点提出批判，认为这种做法忽视了定罪情节与量刑情节的内在联系，忽视了二者内在根据的一致性，正确的认识是不可能截然分割定罪情节与量刑情节，只能在相对意义上把握它们的不同点。〔3〕还有学者认为，“凡是定罪情节要件又必然是量刑情节要件，没有只定罪不量刑的情节要件，但是量刑情节要件在犯罪已成立的条件下则可以独立存在”。〔4〕

---

〔1〕 参见陈兴良：《禁止重复评价研究》，载《现代法学》1994年第1期。

〔2〕 李洁：《定罪量刑情节若干问题研究》，载《北华大学学报（社会科学版）》2001年第1期。

〔3〕 参见喻伟主编：《刑法学专题研究》，武汉大学出版社1992年版，第300页。

〔4〕 胡豫珍：《试论我国刑法分则中定罪量刑的法定量刑情节要件》，载《江西社会科学》1999年第1期。转引自蒋明：《量刑情节研究》，中国方正出版社2004年版，第92页。

两种类型的观点各执一词，都存在合理的理由和具有说服力的例子。那么，究竟定罪中使用过的酌定情节能否在量刑中再次适用呢？要正确回答该问题，首先需要准确理解禁止重复评价原则。禁止重复评价原则可以追溯到古罗马法中对同一行为禁止重复评价的观念。例如，古罗马著名法学家乌尔比安在《论告示》第18编中指出："数个针对同一事实相竞合的诉讼，尤其是刑事诉讼，相互吸收。"〔1〕古罗马另一著名法学家保罗在《论诉讼竞合》单编本中更为具体地指出："某人以侵辱方式殴打他人奴隶，因同一事实，他触犯阿奎利亚法并卷入侵辱之诉（actionem iniuriarum），因为，侵辱产生于意愿（affeatu），损害产生于过错，所以两者都可以管得着。但是，选择一者之后，另一者则被吸收。"〔2〕这里虽然只是从诉讼竞合意义上说明对同一事实的评价方式问题，但是由于在古罗马时代诸法合一，诉讼法和实体法并没有像现在一样彼此分离，恰恰相反，诉讼法是保护权利和制裁不法行为的法规，与实体法不可分割。〔3〕所以，对于同一事实，尽管触犯两个法律，只能选择其一诉讼，实际上也就是不再重复适用另一实体法，即禁止重复评价。

---

〔1〕［意］桑德罗·斯奇巴尼：《民法大全选译：司法管辖权 审判 诉讼》，黄风译，中国政法大学出版社1992年版，第73页。转引自陈兴良：《禁止重复评价研究》，载《现代法学》1994年第1期。

〔2〕［意］桑德罗·斯奇巴尼：《民法大全选译：司法管辖权 审判 诉讼》，黄风译，中国政法大学出版社1992年版，第74页。转引自陈兴良：《禁止重复评价研究》，载《现代法学》1994年第1期。

〔3〕参见周枏：《罗马法原论》（下册），商务印书馆2001年版，第924页。

古罗马法关于禁止重复评价的观念在现代宪法立法中得到了肯定。例如,《德国基本法》第 103 条第 3 项规定:“任何人不得因违反刑法之一行为而受多次处罚。”《日本宪法》第 39 条后半段规定:“对同一犯罪不得重复追究刑事责任。”《美国宪法第五修正案》规定:“任何人不得因同一罪行而两次遭受生命或者身体的危害。”《俄罗斯联邦宪法》第 50 条规定:“任何人不得因同一犯罪两次被判刑。”这一宪法原则在刑事立法中也得到了贯彻,例如,《俄罗斯联邦刑法典》第 6 条第 2 款规定:“任何人不得为同一犯罪承担两次刑事责任。”第 63 条规定:“如果加重刑罚的情节已在本法典分则相应条款中作为犯罪要件加以规定,则它本身不得在处刑时再重复予以考虑。”《德意志联邦共和国刑法典》第 46 条量刑的基本原则的第 3 项规定:“属于法定犯罪构成事实的,可不考虑。”

时至今日,禁止重复评价已经成为国际通行的基本原则,[1]然而其确切含义究竟为何,就本书有限检索的资料来看,理论界或者鲜有论及,或者轻描淡写、一笔带过,或许是由于该原则过于通行和得到广泛认可,似乎无须多言。但是,本书认为,定罪、量刑中一些基本问题的争议就是由于对禁止重复评价原则的不同认识造成的,定罪中使用过的酌定情节能否在量刑中再次适用,就与对该原则的理解密切相关。由于禁止重复评价原则诸多理论问题并非本书研究重点,本书无意就该原则本身进行展开,这里仅结合本书

〔1〕 参见赵廷光:《量刑公正实证研究》,武汉大学出版社 2005 年版,第 164 页。

研究对象就该原则含义的理解简单阐述。

本书认为，禁止重复评价原则并非绝对禁止对同一事实予以两次以上的法律评价，而是禁止对同一事实作同一性质、同一角度、同一层次或者同一意义的重复评价。[1]或者更简洁地说，是禁止对同一客体使用同一标准进行重复评价，但不反对对同一事实作不同性质、不同角度、不同层次或者不同意义的评价。关于这一点，赵廷光教授曾有过精辟的论述，“任何一个犯罪事实都有自己的层次结构和因素结构，于是诸种情况可能在同一事物的不同层次上以不同面貌特征表现出来”“由于犯罪事实存在层次结构和因素结构，所以同一犯罪‘事实’可以在不同层次上从不同方面作不同意义的评价”。[2]对此，本书深以为然，因为同一事实完全可能承载着不同的多种评价客体。例如，一个17周岁的人实施了《刑法》禁止的某种行为，17周岁这个年龄事实至少就承载着两个评价客体：一是表明行为人已年满16周岁，符合了《刑法》规定的承担刑事责任的年龄要求，是定罪过程中刑事责任年龄要素的评价客体；二是表明行为人不满18周岁，说明行为人的人格还具有很大的可塑性，因而符合《刑法》关于应当从轻或者减轻处罚的规定，是量刑过程中社会危害性大小的评价客体。显然，这个例子中，同一个年龄事实分别在定罪和量刑过程中被评价，但由于是从不同角度、不同意义上的评价，因而是允许的，或者说由于是对同一事实承载的两个不同客体的评价，而非针对同一客体的评价，所

〔1〕 参见蒋明：《量刑情节研究》，中国方正出版社2004年版，第94页。

〔2〕 马克昌主编：《刑罚通论》，武汉大学出版社1999年版，第274、275页。

以实质上并不是重复评价。

之所以允许对同一事实从不同角度、不同层次、不同性质上作不同意义的评价，其深层的原因还在于罪刑相适应原则。罪刑相适应原则是贯穿刑事立法和刑事司法的一项“王牌”原则，表现在立法中就是《刑法》规定的罪刑关系的体系，表现在司法中就是定罪与量刑的动态呼应，犯多重的罪就应当量多重的刑，做到重罪重罚、轻罪轻罚，罚当其罪，这是公平正义的观念在刑法领域的展现。禁止重复评价原则的主旨根源就在于实现一罪一罚的古朴正义观念，发展到现在，该原则的目的就在于保证罪刑相适应原则的实现来达到公平正义。因为，如果允许对同一事实从相同的角度、相同的层次作同一性质、同一意义的多次评价，势必造成罚重于罪、罚轻于罪，因而违背公平正义。而从不同角度、不同层次针对同一事实作不同性质、不同意义的“重复”评价，则是为了更为细致、更为全面地考察犯罪事实，最大限度地实现罪刑相适应原则。否则，若是无视犯罪事实的诸多差别，一律给予同样处理，看似“公平”，实则早已严重偏离正义的航标。

分析到此可以得出的结论是：对同一事实从不同角度、不同层次作不同性质、不同意义的评价，不是重复评价。或者说，一切实现罪刑相适应原则对“同一事实”的“重复”评价是允许的。

正确认识了禁止重复评价原则的含义，定罪过程中适用的酌定情节究竟能否在量刑过程中再次适用，答案已经接近明确了。这里不妨先摆出结论：虽然同一酌定情节在定罪和量刑两个阶段反复使用，但仔细分析就会发现，两个阶段在使用时所关注的角度不同、层次有别，意义自然不同，因而不在禁止重复评价原则的禁止之列。详解如下：

首先，定罪和量刑是在不同层次和意义上使用的酌定情节。定罪和量刑本来就是两个不同层次的司法活动：前者是对犯罪行为的社会危害性内在质的评价，后者是对犯罪行为的社会危害性外在量的衡量。因而，定罪和量刑对同一酌定情节评价的层次和意义自然不同：前者是评价酌定情节所反映的社会危害是否达到了应受刑罚惩罚的程度从而质变为犯罪，后者是评价酌定情节所反映的社会危害性的量在达到应受刑罚惩罚的前提下具体有多大；前者的意义是正确定罪，后者的意义在于准确量刑。

其次，定罪和量刑是从不同角度使用酌定情节。定罪是对犯罪行为社会危害性质的整体评价，量刑是对犯罪行为社会危害性量的局部考量。两者对酌定情节评价的角度因而存在不同：定罪时考虑的是酌定情节与行为是否具有犯罪特有的社会危害性（应受刑罚惩罚性）之间的关系，量刑考虑的是酌定情节影响的社会危害性具体量的细化。或者说，酌定情节在定罪中的运用机理是从局部的量的大小到整体的质的固定，从相对具体的酌定情节到抽象的是否显著轻微、是否严重。而酌定情节在量刑中的运用机理则是从抽象的应受刑罚处罚到具体的处多重刑罚的量的细化。所以，酌定情节在定罪和量刑中的作用力方向恰恰相反。

再次，酌定情节在定罪和量刑中反复使用是动态呼应的罪刑关系的内在要求。定罪和量刑之间是制约与反向制约的动态呼应关系。

一方面，刑由罪生是罪刑关系的一般原理，任何酌定情节不经定罪阶段的评价不可能得出刑罚的有无和轻重的结论，否则就是罪刑关系的脱节，甚至是“无中生有”。从抽象层面上讲，一个罪行一旦发生，在通过定罪得到刑法的确证后必然对应着一个具体的刑罚量，这个刑罚量就是由该罪行的性质及其酌定情节决定的，罪行的性质经过罪名确定后指向该罪名的基本档次的法定刑，实践中的量刑活动正是在这个基本档次的法定刑的基础上再次运用酌定情节分步骤地无限接近这个刑罚量，确定现实的刑罚。另一方面，“以刑定罪”是罪刑关系中的一种反向制约关系。这种反向制约关系在司法实践中具体表现在两个方面：其一，犯罪是应受刑罚惩罚的行为，法官在面对一个行为判断是否予以定罪的时候，一定是先从总体上考察该行为是否具有应受刑罚惩罚性，当得出肯定的回答后，再考察其是否符合《刑法》条文所规定的具体罪名的成立条件，选择与其应受刑罚惩罚程度最相适应的罪名。当然，这种反向制约的罪刑关系是就定罪量刑的抽象思维方式而言的，是一种观念上的“以刑定罪”，而非现实司法环节中的罪刑关系。其二，在一个行为同时符合同一法律中的两个以上罪名时，究竟认定为哪一个罪名，则要综合考察该行为的严重程度，结合对比所符合罪名的法定刑轻重，选择适用与行为的应受刑罚惩罚程度最相适应的罪名。在这两种情况下，无论是总体考察是否定罪，还是对罪名的选择适用，都离不开附着在行为中的酌定情节。上述罪刑之间两个方面的动态呼应关系说明在定罪量刑中难免对同一酌定情节反复评价，然而这种反复评价却是罪刑关系现实化的必然要求。

最后，根据我国《刑事诉讼法》的规定，定罪量刑应当以事实为根据，以法律为准绳。从刑事实体法角度讲，案件事实对定罪和量刑并不是直接起作用，而是通过证明行为符合犯罪构成和犯罪成立的情节要求以及存在某种性质的酌定情节等来间接影响定罪量刑。而酌定情节在定罪中发挥作用的一个显著特点就是综合性，无论是对情节显著轻微的判断还是对分则罪名中概括性情节要求的判断都不是个别情节所能完成的，而是对所有的酌定情节综合分析后得出结论。倘若绝对地理解禁止重复评价原则，排除定罪中用过的酌定情节在量刑中的适用，那么量刑将失去依据，无法进行。

综上所述，定罪过程中使用的酌定情节在量刑中再适用，并不是真正的"重复评价"，并不违背禁止重复评价原则。至此，可以得出结论：所有的罪前、罪中和罪后酌定情节都可以在量刑中使用。

第三节　酌定情节在量刑中的地位和作用

一、酌定情节在量刑中的地位

酌定情节由于内容和功能的不特定性，在刑法理论界往往被理解为只是量刑时酌情适用的情节，似乎是可用可不用的情节。这种认识给司法实践带来了误导性影响，主要表现在量刑中轻视甚至忽视对酌定情节的适用，导致量刑不当。这些错误的观念和做法都是由于对酌定情节的地位缺乏全面正确的认识造成的，因此有必要就酌定情节在量刑中的地位予以专门分析和强调。

第一，酌定情节是量刑过程中必须考虑的因素。酌定情节之酌定在于其内容和功能指向的不确定，而不是适用与否的酌定。酌定情节并非没有法律依据，而是涵盖在所有有关情节的概括性规定之中，只是由于酌定情节的内容或者存在形式具有不特定性，立法不便于在《刑法》条文中予以具体规定，需要结合具体的案件事实而定，但是具体的案件事实一旦发生，它的内容和功能指向就能够确定。如前文所述，酌定情节的本质在于其能够体现犯罪行为社会危害性的大小，掌握了这一本质，无论面对多么复杂的案件事实，酌定情节的提取都不会困难，从狭义上讲，除了法律具体确定的情节（法定情节）外，一切能够说明社会危害性大小有无的事实都是酌定情节。鉴于酌定情节同样是法律规定的情节，对这些酌定情节在量刑时就必须加以充分考虑。这样说并不是否定法官在量刑活动中的自由裁量，法官的自由裁量在于斟酌酌定情节究竟体现了多大程度的社会危害性，进而确定其影响刑罚的程度。但是，从案件事实中根据酌定情节的本质提取运用酌定情节并将其作为裁量刑罚的依据是法官的法定义务，既然是法定义务，当然必须履行，否则就是违法。严格意义上讲，“法官自由裁量”的说法是不科学的，因为“自由”意味着可以做也可以不做，可以这样做也可以那样做，而量刑过程中对犯罪事实、犯罪性质、情节和犯罪行为的社会危害性的全面考察和运用是法官必须履行的法定义务，至于如何运用，归根结底也是由犯罪事实、犯罪性质、情节和社会危害性程度客观综合决定的，法官做的工作只是将这些客观存在转化为现实的刑罚。因此从这个角度来讲，法官没有自由裁量权。

第二，酌定情节对量刑的影响具有普遍性。法定情节之所以能够在刑法规范中予以明确具体的规定，在于其内容具有特定性，特定性的另一方面就是其存在的有限性，也就是说，法定情节只是在部分案件中出现。而酌定情节之所以采用概括性的规定是因为其内容具有普遍性。诚如有学者所言，在一个案件中，可能不存在法定情节，但不可能没有酌定情节。〔1〕又由于酌定情节的本质是体现犯罪行为社会危害性的大小，所以它是具体犯罪行为罪行轻重的重要表征。因而可以说，相对于法定情节而言，酌定情节是刑罚裁量的主要依据，量刑活动中离开了酌定情节的适用不可能真正实现罪刑相适应。

第三，在量刑过程中，酌定情节与法定情节地位平等，没有先后适用之分。诚然，法定情节是《刑法》明确具体规定的情节，基于罪刑法定原则的要求，在量刑过程中必须考虑法定情节，但这并不意味着法定情节就优先于酌定情节适用，更不能因此而否定酌定情节的适用。一个事实是否作为情节在量刑中适用不在于该情

〔1〕 参见马克昌主编：《刑罚通论》，武汉大学出版社 1999 年版，第 359 页。

节是否在《刑法》中具有明确具体的规定，关键看该事实是否能够说明犯罪行为社会危害性的大小，只要体现了社会危害性大小，都是具有刑法意义的情节，在量刑时就必须加以认定和适用。至于影响刑罚的程度，则视其体现的社会危害性的大小而定，而不是但凡法律具体规定了的影响力度就一定较之没有具体规定的大。酌定情节和法定情节都是说明社会危害性大小的事实，因而在量刑的适用上没有孰优孰劣之分。

第四，从一定意义上讲，酌定情节在量刑中发挥着主导作用。这种主导作用除了上文讲到的酌定情节具有普遍的客观存在性外，主要表现在其在量刑中扮演的角色上。根据我国《刑法》第61条的规定，对犯罪分子决定刑罚的根据是犯罪的事实、犯罪的性质、情节和对于社会的危害程度，其中“犯罪的性质”是由犯罪行为所符合的犯罪构成决定的，“犯罪的事实”一方面是判断犯罪行为是否符合特定犯罪构成的素材，另一方面是情节的提取来源，“对于社会的危害程度”虽展现在犯罪事实中，但却具体通过犯罪的性质和情节得以评价。这一逻辑关系表明，在对犯罪分子的刑罚裁量中，直接发挥作用的只有犯罪的性质和情节，而这两者当中，通过犯罪构成确定的犯罪的性质指向法定刑的基本幅度，具体是在基本幅度内还是法定加重幅度内或者法定减轻幅度内抑或在法定刑以下量定刑罚，甚至免除刑事处罚，具体决定多重的刑罚，则需要依据情节决定。这里的情节包括法定情节和酌定情节。法定情节总是有限的，而酌定情节却是无限的。具体个案中可能不存在法定情节，这时候则只能依据酌定情节裁量刑罚。即便存在法定情节，要落实其作用同样需要结合酌定情节，这一点在前文介绍酌定情节与法定情节的关系时已经论述。

二、酌定情节在量刑中的作用

通过上文对量刑动态过程的分析可知，整个量刑过程实际上就是围绕刑罚的产生和发展的裁量过程，这个过程从大的方面可以分为两个阶段：第一个阶段又存在两个任务，一是实现由法定刑到宣告刑的转化，二是决定宣告刑的执行方式；第二个阶段是实现由宣告刑到执行刑的转化。下面就以此为主线具体阐明酌定情节在其中所起的作用。

（一）酌定情节是法定刑向宣告刑转化的影响因素

多重的犯罪对应着多重的刑罚是罪刑关系的精髓。基于罪刑法定原则的要求，这种罪刑关系首先以静态的形式体现在刑法规范文本中，因此我国《刑法》从总则到分则都规定了比较完善的犯罪体系和相应的刑罚体系。然而，落实到司法实践中，却不是如此简单，否则就真的如启蒙思想家们所言：不需要专业的法官，不需要投入巨资培养法学人才，更不需要可能对法律规定“横挑鼻子竖挑眼”的法学家。法律文本的一般性和具体案件的差别性，决定了罪刑关系并不能够当然地自动实现，而是需要一个分阶段、按步骤地完成的过程。这个过程的第一项任务就是实现由文本中的法定刑到现实中的宣告刑的转化，从理论上讲，该任务又可以分为这样几个步骤：首先，确定是否需要判处刑罚；其次，在需要判处刑罚的情况下，选择具体适用的法定刑幅度；最后，在法定刑幅度确定以后，量定与犯罪的社会危害性程度最相适应的刑罚。而实现这一转化的依据是犯罪的事实、犯罪的性质、情节和犯罪对于社会的危害程度，其中酌定情节起着不可替代的重要作用，详述如下。

1. 酌定情节之于免除刑罚处罚

确定是否需要判处刑罚是由法定刑向宣告刑转化的第一个步骤，其另一个方面的含义就是在综合考察案件的所有情节以后决定是否予以免除刑罚处罚。所谓免除刑罚处罚，又称免除处罚、免除刑事处罚、免除刑罚，是指对行为作有罪宣告，但对行为人免除刑罚处罚，即不判处任何刑罚。[1]免除刑罚处罚以应当受到刑罚处罚为前提，因为犯罪是应受刑罚处罚的行为。换言之，免除刑罚处罚以行为构成犯罪为前提，倘若行为不构成犯罪，则不应当受到刑罚处罚，就应该直接宣告无罪，而不存在免除刑罚处罚的问题，所以免除刑罚处罚在本质上也是对犯罪行为裁量刑罚的活动。

我国《刑法》从总则到分则共有 17 处关于可以或者应当免除刑罚处罚事由的规定。从规定的类型上看，可以将其分为两类：一类是对免除刑罚处罚的具体事由作出直接规定，具体包括《刑法》第 10 条“在外国已经受过刑罚处罚的”，第 19 条“又聋

---

〔1〕 参见张明楷：《刑法学》（第 4 版），法律出版社 2011 年版，第 557 页。

又哑的人或者盲人犯罪”，第 20 条“正当防卫”，第 21 条“紧急避险”，第 22 条“犯罪预备”，第 24 条“对于中止犯，没有造成损害的”，第 27 条“从犯”，第 28 条“被胁迫参加犯罪”，第 67 条“自首”且“犯罪较轻”，第 68 条“有重大立功表现”，第 164 条第 4 款“行贿人在被追诉前主动交待行贿行为”，第 276 条之一第 3 款“尚未造成严重后果，在提起公诉前支付劳动者的劳动报酬，并依法承担相应赔偿责任”，第 351 条第 3 款“在收获前自动铲除”，第 383 条第 3 款“在提起公诉前如实供述自己罪行、真诚悔罪、积极退赃，避免、减少损害结果的发生，有第一项规定情形的（贪污数额较大或者有其他较重情节——作者注）”，第 390 条第 2 款“行贿人在被追诉前主动交待行贿行为的……其中，犯罪较轻的，对调查突破、侦破重大案件起关键作用的，或者有重大立功表现的”，第 392 条第 2 款“介绍贿赂人在被追诉前主动交待介绍贿赂行为”。另一类是概括规定可以免除刑罚处罚的情形，即《刑法》第 37 条“对于犯罪情节轻微不需要判处刑罚的，可以免予刑事处罚”的规定。从适用的方式上看，既有应当免除刑罚处罚的事由（如《刑法》第 24 条），也有可以免除刑罚处罚的事由（如《刑法》第 67 条）；既有单一适用免除刑罚处罚的事由（如《刑法》第 24 条），又有选择适用免除刑罚处罚的事由（如《刑法》第 10 条、第 19 条）。

结合上述免除刑罚处罚的立法情形，可以将酌定情节对于是否给予免除刑罚处罚的影响归纳为以下三个方面：其一，在立法描述了具体事由后规定“可以免除刑罚处罚”时，究竟是可以还是不可以，需要全面结合酌定情节而定。其二，在立法描述了具体事由后将“免除处罚”与其他从宽方式并列作为选择适用的情形时，是否选择适用免除处罚的方式需要全面结合酌定情节而定。其三，在立法没有具体规定或者不存在立法描述的具体事由时，需要综合考察酌定情节和法定情节是否轻微，作出是否需要判处刑罚的决定。

值得特别说明的是上述第三种情形，该种情形在理论上存在争议，争议的焦点是《刑法》第37条的规定能否作为独立的免除刑罚处罚的事由。对此问题，归纳起来主要有肯定论和否定论两种观点：肯定论者认为，根据《刑法》第37条的规定，免予刑事处罚的根据是“犯罪情节轻微不需要判处刑罚”，因此，在决定不判处刑罚的时候，如果存在法律规定的免除刑罚处罚的具体事由，应当依照规定免除处罚具体事由的相关条文，判决免除刑罚处罚。如果不具备法律规定的免除刑罚处罚的具体事由而又不需要判处刑罚的，则应当依照《刑法》第37条的规定免除刑罚处罚。〔1〕据此，可以直接根据《刑法》第37条的规定免除刑罚处罚。否定论者主张，《刑法》第37条规定的不是独立的免除刑罚处罚的事由，只是其他具体的免除处罚情节的概括性规定，只有当具有《刑法》规定的具体的免除刑罚处罚的情节时，才能免予刑事处罚。〔2〕本书对此问题持肯定的观点，这里针对否定论的理由作以下几点

〔1〕 参见苏惠渔主编：《刑法学》，中国政法大学出版社1994年版，第338页。转引自张明楷：《刑法学》（第4版），法律出版社2011年版，第558页。

〔2〕 参见张明楷：《刑法学》（第4版），法律出版社2011年版，第558、559页。

说明:

第一,否定论者认为《刑法》规定的免除刑罚的情节都是具体的,而不是抽象的;而《刑法》第 37 条并没有规定具体的免除刑罚处罚的情节,其中的“情节轻微”是一个相当抽象的概念,因而不易作为独立的、具体的免除处罚的根据。[1]本书认为,一方面,应当承认“情节轻微”是一个抽象的概念,但是具体到个案中是否“情节轻微”却是由一系列“活生生”的具体情节说明的,决定免除刑罚处罚的根据就是这些具体的情节,《刑法》第 37 条的规定只是适用具体情节的法律依据。另一方面,《刑法》关于免除刑罚处罚的具体事由的规定是有限的,然而“法有限而情无穷”,任何立法者都不可能预见免除刑罚处罚的所有情形,如果必须具体描述免除刑罚处罚的事由,必然造成漏洞,而漏洞必然导致不公平现象。即使立法者能够预见所有免除刑罚处罚的事由,但如果以大量的文字进行描述,也会有损刑法典的简短价值。所以立法者出于周全和简洁的考虑,在具体列举免除刑罚处罚事由的同时采用第 37 条的概括规定。[2]如果司法实践中仅局限于《刑法》规定的免除刑罚处罚的具体事由而排除第 37 条的适用,恰恰会导致立法所要避免的漏洞和不公平。

第二,否定论者认为,《刑法》在“刑罚的种类”一节下设立第 37 条的内容,而不是在“自首和立功”(量刑情节)之后规定,说明

---

〔1〕 参见张明楷:《刑法学》(第 4 版),法律出版社 2011 年版,第 558 页。

〔2〕 此处的论述套用了否定论者在另著中的相似观点,参见张明楷:《刑法分则的解释原理》,中国人民大学出版社 2004 年版,第 238~239 页。

其规定的不是独立的免除刑罚处罚的情节。[1]对此，可以援用否定论者的另一理由加以反驳，即这是因为《刑法》第37条不仅规定了免除刑罚处罚的依据，还规定了非刑罚的法律后果，由于非刑罚的法律后果与刑罚同属于犯罪行为的法律后果，所以该条放在“刑罚的种类”一节下比放在量刑情节之后更合适。又因为非刑罚的法律后果选择适用的前提是免除刑罚处罚，所以将免除刑罚处罚的依据并入一条规定在刑罚的种类节下。但并不能因此排除免除刑罚处罚规定的独立适用性。

第三，否定论者的另一理由是，《刑法》第63条第2款规定，对不具有《刑法》规定的减轻处罚情节而又需要减轻处罚的，只有经过最高人民法院核准，才可以减轻处罚；而第37条则没有这样的规定，因而若直接适用第37条，便与前者极不协调。[2]本书的认识是，《刑法》第63条第2款关于“经最高人民法院核准”的规定，本来就属于刑事程序法的内容，而不应该出现在“规定犯罪与刑罚的标准”的刑事实体法中，但由于法律体系内部的交叉和衔接性，在某一部门法中规定原本属于其他部门法的内容是不可避免的，也是立法理论所允许的。尤其是《刑法》和《刑事诉讼法》之间关系密切，后者是前者有效运行的程序保障，所以《刑法》条文中不乏《刑事诉讼法》的规范内容。例如，《刑法》第79条、第82条是关于减刑、假释的程序规定，在《刑事诉讼法》中同样存在相应的程序规定，《刑法》只是基于内容的相关性在规定实体内容的

〔1〕 参见张明楷：《刑法学》(第4版)，法律出版社2011年版，第558页。
〔2〕 参见张明楷：《刑法学》(第4版)，法律出版社2011年版，第558页。

同时对相关程序加以强调罢了。但部门法之间毕竟存在分工的不同，故《刑法》不可能对每一个实体规范运行的保障程序都予以规定，当然，也就更不能因为《刑法》没有就实体规范的相关程序作出规定就否定该规范的可适用性，否则绝大多数的刑法规范都将不能适用。事实上，《刑法》第37条的独立适用并没有游离于程序保障的范围之外，《刑事诉讼法》有关抗诉和审判监督等程序的设置，足以防止独立适用《刑法》第37条所可能带来的法官恣意。

第四，否定论者担心独立适用《刑法》第37条可能造成一系列消极后果，如违反罪刑相适应原则，削弱《刑法》分则规定的法定刑的威慑力，导致法官的自由裁量权过大，造成适用刑罚不平等现象。[1]本书认为，全面考察个案的所有情节后独立适用《刑法》第37条关于免除刑罚处罚的规定，而不拘泥于《刑法》规定的有限的免除刑罚处罚的具体事由，恰恰是为了做到罚当其罪，更好地实现罪刑相适应原则，体现公平正义；真正实现罚当其罪才是对刑罚威慑力的最大限度的彰显；法官的自由裁量权应当被允许和尊重，而《刑事诉讼法》的程序保障足以抑制法官恣意。

第五，说“当存在法律规定的免除刑罚处罚的具体事由时，应当依照规定免除处罚具体事由的相关条文，判决免除刑罚处罚”，并不是说就没有适用《刑法》第37条的规定。一方面，《刑法》第37条是所有免除刑罚处罚事由的总括性规定，当然包括其他条文规定的具体事由，适用这些具体事由实际上也是在适用第37条。

---

〔1〕 参见张明楷：《刑法学》（第4版），法律出版社2011年版，第559页。

另一方面,《刑法》规定的免除刑罚处罚的具体事由并不一定能够独立发生决定性作用,例如,犯罪预备是可以免除处罚的具体事由,但是个案中究竟是可以还是不可以,还需要综合考虑其他情节才能决定,而考虑其他情节的依据就是第37条的规定。因而,这种情况实际上是规定免除刑罚处罚具体事由的条文和《刑法》第37条结合适用的结果,或者说最终都要落脚到第37条的适用上。总之,可以直接根据《刑法》第37条的规定全面综合运用酌定情节免除刑罚处罚,而非只有当行为人具有《刑法》规定的具体的免除刑罚的情节时,才能免除刑罚处罚。

2. 酌定情节之于法定刑幅度的选择

法定刑幅度的选择是实现由法定刑向宣告刑转化的第二个重要步骤。所谓法定刑,是指《刑法》分则及其他刑法规范中针对具体犯罪的轻重程度而规定的刑种和刑度。我国刑法理论一般根据刑种和刑度是否确定而将法定刑分为绝对确定的法定刑、绝对不确定的法定刑和相对确定的法定刑三种类型。绝对确定的法定刑,是指以单一刑种的固定刑量为表现形式的法定刑;绝对不确定的法定刑,是指不以具体的刑种、刑度和刑幅为表现形式的"法定刑";相对确定的法定刑,是指以不同刑种或具有一定处刑幅度的同一刑种为内容的法定刑。[1]

我国《刑法》基本上采用的是相对确定的法定刑规定模式,除了第121条规定"以暴力、胁迫或者其他方法劫持航空器","致人

---

〔1〕 参见陈忠林主编:《刑法分论》,高等教育出版社2007年版,第9～11页。

重伤、死亡或者使航空器遭受严重破坏的，处死刑”外，其余分则条款的法定刑都具有可供选择的刑种或者刑度。有的罪名规定了多个法定刑幅度，例如，《刑法》第 233 条过失致人死亡罪的法定刑分别针对一般情形和减轻情形规定了“三年以上七年以下有期徒刑”和“三年以下有期徒刑”两个法定刑幅度；又如，《刑法》第 234 条故意伤害罪的法定刑针对一般情形、一般加重情形和严重加重情形分别规定了“三年以下有期徒刑、拘役或者管制”、“三年以上十年以下有期徒刑”和“十年以上有期徒刑、无期徒刑或者死刑”三个法定刑幅度。当然，也存在只有一个法定刑幅度的罪名，如《刑法》第 245 条非法搜查罪和非法侵入住宅罪的法定刑，第 246 条侮辱罪、诽谤罪的法定刑等。另外，根据我国《刑法》总则第 63 条的规定，即便《刑法》分则罪名只配置了一个法定刑幅度或者如上述第 121 条规定的只有死刑的情况，也并非必然在唯一的法定刑幅度内量刑或者必然适用死刑，还可能因为存在减轻处罚的法定情节或者从宽处罚的酌定情节而在该法定刑幅度以下判处刑罚。就具有多个法定刑幅度的犯罪而言，出于论述的方便，可以将针对一般情形的法定刑幅度称为基本的法定刑幅度，将针对减轻情形的法定刑幅度称为减轻的法定刑幅度，将针对一般加重情形的法定刑幅度称为一般加重的法定刑幅度，将针对严重加重情形的法定刑幅度称为严重加重的法定刑幅度，最后两种情形可以统称为加重的法定刑幅度。

既然我国《刑法》对法定刑的配置采用的是相对确定的模式，那么在裁量刑罚时自然存在法定刑幅度的选择适用问题。量刑过程中对法定刑幅度的选择既包括选择适用基本的法定刑幅度，也包括选择适用加重的法定刑幅度和减轻的法定刑幅度，以及选择在最低的法定刑幅度或者唯一的法定刑幅度以下判处刑罚。

我国《刑法》总则和分则对影响选择适用法定刑幅度的情节都作了相应规定。从内容是否确定来看，可以将这些情节分为两种：一种是确定性情节，例如，《刑法》总则规定的未成年人犯罪、已满75周岁的人犯罪、造成损害的中止犯、从犯、防卫过当、避险过当、胁从犯、限制行为能力人犯罪、未遂犯、自首、立功、又聋又哑的人或者盲人、预备犯、已经受过刑罚处罚的域外犯罪，以及《刑法》分则罪名的规定中具体列举或者描述的情节，如抢劫罪中规定的入户抢劫、在公共交通工具上抢劫、抢劫银行或者其他金融机构等8种适用加重法定刑幅度的加重情节，等等。另一种是概括性情节，例如，《刑法》第152条走私淫秽物品罪在规定了基本的法定刑幅度之后，紧接着规定了“情节严重的”适用加重的法定刑幅度，“情节较轻的”适用减轻的法定刑幅度，“情节严重”和“情节较轻”就是概括性规定相应法定刑幅度的适用事由。根据变更法定刑幅度是否为其唯一、必然的功能指向，还可以将上述确定性情节分为两类：一类是必然变更法定刑幅度的情节，如造成损害的中止犯；另一类是不必然变更法定刑幅度的情节，变更法定刑幅度只是其选择适用的功能之一，如从犯。

酌定情节在选择适用法定刑幅度中的作用主要通过以下两种途径实现：第一，当不存在《刑法》规定的影响变更法定刑幅度的具体事由而需要适用减轻或者加重的法定刑幅度时，酌定情节就是变更法定刑幅度的依据。当然,若同时存在法定情节,则是将酌定情节和法定情节相结合,综合判断是否需要选择相应的法定刑幅度。第二,当存在《刑法》规定的变更法定刑幅度的具体事由但该事由却是不必然导致变更法定刑幅度的情节时,具体是否能够变更适用不同的法定刑幅度,需要结合分析酌定情节而定。

酌定情节的此种功能可能会受到一定程度的质疑:如前文所述,对法定刑幅度的选择既包括选择适用基本的法定刑幅度,也包括选择适用加重的法定刑幅度和减轻的法定刑幅度以及选择在最低的法定刑幅度或者唯一的法定刑幅度以下判处刑罚。将酌定情节作为选择适用基本的法定刑幅度的依据当然没有问题,作为选择适用减轻的法定刑幅度以及在最低的法定刑幅度或者唯一的法定刑幅度以下判处刑罚的依据,因为存在明确的法律根据(《刑法》第 63 条)也没有疑问,有疑问的是将酌定情节作为选择加重的法定刑幅度的依据缺乏像《刑法》第 63 条这样的法律根据,因而酌定情节不能作为加重的法定刑幅度的适用依据。

毋庸置疑,如果《刑法》条文都能够具体描述加重的法定刑幅度的所有适用条件,而排除酌定情节的适用,当然是最为理想的。例如,《刑法》第 263 条对抢劫罪 8 种加重事由的具体规定,大大增强了司法的可操作性和统一性。然而,要求立法对所有法定刑升格的情形都作出具体规定是不现实的。这在前文的论述中已经反复提到,这样做要么有损刑法典的简短价值,要么导致漏洞,造成司法中的不公平现象。例如,上述抢劫罪的 8 种加重情节之一是“冒充军警人员抢劫”,《刑法》之所以将“冒充军警人员抢劫”

规定为适用加重的法定刑幅度的事由，主要是基于两点理由：“第一，由于军警人员受过特殊训练，其制服他人的能力高于一般人，故冒充军警人员抢劫给被害人造成的恐怖心理更为严重，因而易于得逞。第二，由于冒充军警人员抢劫，导致严重损害国家机关的形象。”[1]然而，如果是真正的军警人员显示军警人员身份进行抢劫，是否要适用加重的法定刑幅度处罚？按理说，真正的军警人员亮明身份抢劫更为符合以上两个理由，对社会民众造成的恐慌、对国家机关形象的损害更为严重，应当比冒充军警人员抢劫受到更为严厉的制裁。但是，《刑法》第 263 条并没有将这种情况具体规定在内，不能不承认至少在形式上存在漏洞，可能导致处罚的结果不公平。[2]由此可见，即便立法具体描述了加重的法定刑幅度的适用条件，也可能造成漏洞，违背公平正义。所以，《刑法》规定的法定刑升格的所有具体事由都只是有限列举，而无法完全排除酌定情节的适用余地，因而，立法多采用“情节严重”“情节特别严重”等概括的方式规定加重法定刑幅度的适用条件，给酌定情节留下发挥作用的空间实为不得已之举。

至于对酌定情节在加重法定刑幅度的适用中缺乏类似《刑法》第 63 条第 2 款的规定的担心，本书认为，《刑法》第 63 条第 2 款只是程序性规定，即便没有这样的规定，《刑事诉讼法》也能够提供充分的程序保障。从本质上讲，酌定情节无论在减轻法定刑幅

---

〔1〕 张明楷：《刑法分则的解释原理》，中国人民大学出版社 2004 年版，第 238 页。

〔2〕 参见张明楷：《刑法分则的解释原理》，中国人民大学出版社 2004 年版，第 238、239 页。

度时还是在加重法定刑幅度时发挥作用均不在于是否“经最高人民法院核准”，关键在于酌定情节是犯罪行为社会危害性程度的体现，在罪刑相适应原则下，酌定情节必然要影响到刑罚的裁量，至于该影响是加重法定刑幅度还是减轻法定刑幅度抑或其他，是由其本身所体现的社会危害性的大小决定的。

3. 酌定情节之于宣告刑的形成

法定刑幅度选择阶段得出的结论有两种可能：第一种可能是不适用分则条文规定的任何一个法定刑幅度，而是在法定最低刑以下判处刑罚；第二种可能是选定某一特定的法定刑幅度。无论是哪一种可能，都需要进一步具体量定刑罚，即在确定了这两种可能的前提下最终形成宣告刑。而宣告刑的形成同样是各种情节综合作用的结果，即全面考察各种从宽和从严的情节，在选定的法定刑幅度内或者在法定最低刑以下确定最终的刑罚，其中酌定情节当然是重要的考察因素。

值得说明的是，由于酌定情节体现的社会危害性的大小存在轻重之分，酌定情节在影响量刑的功能上具有从宽和从严两种指向，从宽和从严必须确定一个宽、严的参照对象，也就是通常所说的量刑基准或基准刑，这是量刑统一化的内在要求和刑罚个别化的前提和基础。当然，量刑基准并不是在个案的量刑中作为宣告刑形成的环节之一加以确定，而是在个案量刑前静态存在的标准，或者说是在个案量刑前对经过长期司法实践的归纳和总结已经确定的参照标准。

如何确定量刑基准，刑法理论中存在诸多争议，据不完全归纳，主要有以下几种观点：第一种观点是“中间线论”，认为法定刑幅度内 1/2 的中间线就是量刑基准，从轻即是在中间线以下处罚，从重则是在中间线以上处罚。第二种观点是“分格论”，主张将法定刑幅度划分为若干格次，然后将具体案件分为轻轻、轻重、重轻、重重等若干等级，再与法定刑格次对号入座。例如，法定刑幅度为 3 年以上 10 年以下有期徒刑，在该幅度内可以划分出四个格次：轻罪中有从轻情节的，为 3～4 年；轻罪中有从重情节的，为 5～6 年；重罪中有从轻情节的，为 7～8 年；重罪中有从重情节的，为 9～10 年。〔1〕第三种观点是“形势论”，主张根据治安形势的好坏确定量刑基准，治安形势稳定时可以降低量刑基准至法定最低刑，也可以以中间线为基准刑；治安形势严峻时，量刑基准可以与法定刑的上限重合或者靠近上限某一个点。〔2〕第四种观点是“主要因素论”，主张应该依据对社会危害性的大小起主要作用的因素来确定量刑基准，又因每个构成犯罪的因素和影响量刑的因素各具特性，所以需要根据实证的调查统计对量刑基准一罪一定。〔3〕在该观点的基础上，又产生了两种修正的主张：一是“重心论”，主张法定刑运用中的基准点是表征行为的社会危害性大小的一个主要因素，这个因素就是抽象个罪的重心。与抽象个罪的重心相对应的法定刑就是量刑基准。〔4〕二是“危害行为论”，认为对抽象个罪“真空”

〔1〕 参见蒋明：《量刑情节研究》，中国方正出版社 2004 年版，第 202 页。

〔2〕 参见周光权：《量刑基准研究》，载《中国法学》1999 年第 5 期。

〔3〕 参见蒋明：《量刑情节研究》，中国方正出版社 2004 年版，第 202 页。

〔4〕 参见郑伟：《重罪轻罪研究》，中国政法大学出版社 1998 年版，第 51 页。转引自周光权：《量刑基准研究》，载《中国法学》1999 年第 5 期。

状态下所对应的刑罚量的观察与分析是围绕（危害）行为这一评价中心而进行的，危害行为成了确定量刑基准点所应考虑的最根本和最首要的因素。[1]

本书认为，以上各种观点都因存在各种各样的缺陷而不可能真正确定量刑基准，或者依照其所确定的量刑基准裁量刑罚可能带来不合理的结论。“中间线论”存在明显缺陷，正如有学者所指出的，我国《刑法》规定的个罪的法定刑绝大多数都存在几个刑种相并列，因此并不是所有的法定刑都能划出中间线。例如，无期徒刑与有期徒刑相并列时就无法确定中间线。“分格论”的主张在理论上当然是成立的，但在现实中却缺乏可操作性，因为它需要首先区分出重罪和轻罪，然而罪的轻重是相对而言的，在量刑的基准没有确定之前就区分重罪与轻罪是没有根据的。“形势论”更是不堪一击，不仅存在内容不确定的弊端，而且这种主观过于拔高治安形势对量刑的影响，而忽视了罪质的轻重对刑罚的决定作用。“主要因素论”和“重心论”的主要缺陷在于何为“主要因素”和“重心”实际上是不确定的。例如，论者经过实证的统计分析认为影响强奸罪的社会危害性的主要因素是暴力强奸既遂，因而其量刑基准一般为5～6年。但是，根据《刑法》第236条对强奸罪加重情形的规定，若是“在公共场所当众强奸妇女”，需要在10年以上有期徒刑、无期徒刑或者死刑的法定刑幅度内裁量刑罚，这种情况下的量刑基准显然不是5～6年，影响社会危害性的主要因素也不是

〔1〕 参见周光权：《量刑基准研究》，载《中国法学》1999年第5期。

暴力强奸既遂，而是在公共场所当众强奸。“危害行为论”所主张的抽象个罪的“真空”状态实际上指的是对抽象个罪中的危害行为在不考虑任何情节时的社会危害性的考量。一方面，这种认识对于经过法定刑幅度选择后确定在基本的法定刑幅度内裁量刑罚时，理论上是成立的，但实践中究竟将哪一个刑罚点或者幅度作为量刑基准同样不容易确定；另一方面，在选择适用了减轻或者加重的法定刑幅度时，这种所谓“真空”状态的危害行为就没有用武之地了，因为既然选择适用了减轻或者加重的法定刑幅度，就意味着已经对危害行为附上了情节的考量。

基于以上学说都存在种种弊端，本书认为，将法定刑幅度的上限确定为量刑基准更为合适。具体理由如下：

首先，法定刑幅度上限作为量刑基准能够具体确定，根据我国《刑法》总则和分则的规定，法定刑幅度的上限都存在具体的内容。除此之外，无论上述哪种观点都不可能具体确定基准刑，因为法定最高刑以下的刑罚可能低至法定最低刑乃至无罪，因而其内容不能具体确定。倘若采用所谓实证研究的方法将法定最高刑以下的某个位置确定为“基准刑”，那么必然会因为对用来确定基准刑的素材顾此失彼而导致不合理、不公正的现象。

其次，将法定刑幅度的上限作为基准刑在司法实践中具有可操作性。司法实践中，只需要结合以往的经验，从类案中归纳总结出判处法定刑幅度上限的情节体系，在处理个案时参照对比执行。当存在相应的情节体系时，就适用法定刑幅度内的最高刑，当不存在相应的情节体系时，只能在最高刑以下裁定刑罚。

可能有人会认为基准刑的确定原本是为了最大限度地降低法定刑幅度过大所可能造成的量刑不准确的概率，这样确定基准刑并没有缩小法定刑的幅度，因而没有任何实际意义。但是，本书认为，从客观上讲，如果一定要确定一个基准刑的话，只能是法定刑幅度的最高限，除此之外都是不可靠的；从实质上讲，解决量刑不准确问题的关键其实不在于基准刑的确定，而在于把情节影响量刑的幅度量化。这样一来，当某一法定刑幅度确定后，若存在从宽的情节，只需比照法定刑上限减掉相应的刑罚幅度即可；若存在从严的情节，只要不足以严到需要适用更重的法定刑的程度就只能判处该法定刑幅度的最高刑；若既存在从宽的情节又存在从严的情节，只需要依据各自影响量刑的量化幅度大小先行折抵后的宽严结果再比照法定刑幅度的最高限确定最终的刑罚即可。例如，某法定刑幅度的上限是 10 年有期徒刑，个案中同时存在需减轻 1/3 和加重 1/4 刑罚的两个情节，单就前一个情节而言需要减轻 3 年 4 个月的刑罚，仅就后一个情节而言需要加重 2 年 6 个月的刑罚，正确的做法是将两者折抵后减轻 10 个月的刑罚，最终判处其 9 年 2 个月的有期徒刑。由此可见，这样的方法简单易行、规范统一，比上述各种探索都更为科学可靠。

（二）酌定情节是宣告刑执行方式的影响因素

缓刑和死缓是我国《刑法》规定的刑罚的特殊执行方式，其中死缓适用的对象是应当判处死刑的犯罪分子，缓刑适用的对象是被判处拘役、3 年以下有期徒刑的犯罪分子。因此，在个案的量刑中，对于判处了死刑或者拘役、3 年以下有期徒刑的犯罪分子，还应当根据案件的具体情况决定是否适用死缓或者缓刑。

根据我国《刑法》第 48 条的规定，对于应当判处死刑的犯罪分子，如果不是必须立即执行，可以适用死缓制度，但是《刑法》并没有对哪些属于“不是必须立即执行的”情况具体规定。实践中，除了考虑法定的从宽情节以外，酌定从宽情节也是重要的判断依据。例如，因为被害人的过错导致被告人在激愤状态下实施犯罪的，因婚姻家庭纠纷激化矛盾引发犯罪的，认罪态度、悔罪表现良好并对被害人积极赔偿的，被害人及其家属予以谅解的，等等，存在这些情节时一般都可以认定为“不是必须立即执行”。相反，如果存在较多的酌定从严情节，例如，犯罪人一贯为非作歹并且犯罪动机十分恶劣、手段极其残忍、犯罪后千方百计地逃避法律处罚、没有任何实际的悔改表现等，那么，即便存在法定的从宽情节，同样可以认为“必须立即执行”。

同样的道理，酌定情节对于缓刑的适用也起着重要作用。相对于死缓而言，我国《刑法》对于缓刑的适用条件作了比较具体的规定。根据我国《刑法》第 72 条的规定，对于被判处拘役、3 年以下有期徒刑的犯罪分子，必须同时具备犯罪情节较轻、有悔罪表现、没有再犯罪的危险、宣告缓刑对所居住社区没有重大不良影响这四个条件，才可以适用缓刑。其中犯罪情节较轻是适用缓刑的首要条件，是对所有情节综合评价的结果，既包括法定情节也包括酌定情节。如果是基于良性的动机、出于可宽宥的原因、犯罪手段一般且没有造成实际的损害，就属于犯罪情节较轻；反之，若是基于恶性动机、卑鄙的目的、采用残忍的手段并造成严重损害，则不能认为是情节较轻。悔罪表现则更具有酌定性，指的是犯罪后对自己罪行的悔恨表现，如犯罪后积极退赃，真诚向被害人或其家属道歉，努力挽回因犯罪行为给被害人造成的损失，等等，都是判断是否具有悔罪表现以及悔罪程度的酌定依据。没有再犯罪的危险是适用缓刑的实质条件，判断有没有再犯罪的危险，除了依据罪中的情节、罪后的表现外，还要看犯罪前的一贯表现。如果事前一贯是安分守己的守法公民，此次犯罪只是在不得已的情况下偶然为之，一般而言就没有再犯罪的危险；反之，则不能排除再次犯罪的危险。我国《刑法》关于累犯不得适用缓刑的限制规定就是对罪前表现影响缓刑适用的集中体现。此外，我国《刑法》对缓刑考验期的规定采用的是幅度性方式，而不是绝对确定，这是因为同样是犯罪情节较轻，有悔罪表现，并且没有再犯罪的危险，对所居住社区没有重大不良影响，还存在着程度或者明显与否的差别，所以即便适用缓刑但尚有后续斟酌考察的必要，还需要根据上述程度差别确定长短不同的缓刑考验期。

（三）酌定情节是宣告刑向执行刑转化的影响因素

执行刑，是犯罪分子实际被执行的刑罚。如上文所述，刑罚的执行过程中伴随对受刑人的教育改造，促使其养成遵纪守法的良好习惯，从而消除其再次犯罪的可能性。一般而言，随着教育改造措施的落实，犯罪人再次犯罪的可能性也会逐渐降低，基于罪刑相适应原则动态要求以及刑罚执行的功利性目的，需要对原判刑罚作出相应的调整，主要表现为适当减轻原判刑罚（减刑），或者附条件地提前释放犯罪人（假释），甚至在特殊情况下赦免剩余刑罚（特赦），这些情况都意味着对犯罪分子实际执行的刑罚少于原判决所宣告的刑罚，当然也可能是相反的结果，如因违反相关规定而撤销缓刑、收监执行。所以，宣告刑与执行刑之间在刑量上并非必然的对等关系，而是存在向低处转化或者变更执行的可能。在这个转化的过程中，酌定情节发挥着决定性的作用，主要表现在：服刑过程中体现犯罪人再次犯罪的危险程度降低或者消除的酌定情节对减刑或者假释的积极适用功能或者相反，以及罪前、罪中酌定情节和服刑前的罪后酌定情节对减刑、假释的消极限制功能。具体情形前文在论述罪前、罪中和罪后酌定情节作为影响量刑的酌定情节范围时已经有所论及，此处不再重复展开。例如，在社区矫正对象孙某某撤销缓刑监督案〔1〕中，社区矫正对象孙某某 2016 年 7 月 6 日因犯非法买卖枪支罪被天津市滨海新区人民法院判处有期徒刑 3 年，宣告缓刑 4 年，缓刑考验期自 2016 年 7 月 17 日起至 2020 年 7 月 16 日止。孙某某在北京市海淀区某镇司法所接受社区矫正。2019 年，北京市海淀区人民检察院在日常监督时发现孙某某存在未经批准擅自外出、出境等应当撤销缓刑情形，依法监督社区矫正机构提请人民法院对孙某某撤销缓刑，收监执行原判有期徒刑 3 年。

---

〔1〕 参见社区矫正对象孙某某撤销缓刑监督案，最高人民检察院指导性案例 131 号（2021 年）。

— 第八章 —
酌定情节的发展完善

第一节　酌定情节存在的问题

一、酌定情节的立法欠缺

在合情合理地解释法律的基础上，为使法律变得更加完善而对现行立法进行检讨，是理论研究不可回避的问题。

（一）酌定情节的内涵和外延不明确

不可否认，酌定情节的存在和适用固然具有规范依据，然而它只是隐含在《刑法》总则和分则关于情节的规定中，《刑法》条文中没有一处有关酌定情节的内涵和外延的专门规定。而《刑法》关于情节的规定，也只是笼统地使用“情节”一词，除了具体地就有限的法定情节的内容和功能予以明确外，并没有针对情节的含义和功能作出统一规定。更何况《刑法》条文对情节一词的使用也并不统一，有的条文使用的是“情节”，例如，《刑法》第13条但书规定“但是情节显著轻微危害不大的，不认为是犯罪”；有的条文使用的是“犯罪情节”，例如，《刑法》第37条规定“对于犯罪情节轻微不需要判处刑罚的，可以免予刑事处罚”；还有的条文使用的是“情形”，例如，第170条伪造货币罪的后半段规定“有下列情形之一的，处十年以上有期徒刑或者无期徒刑，并处罚金或者没收财产：(一)伪造货币集团的首要分子；(二)伪造货币数额特别巨大的；(三)有其他特别严重情节的”。从所列举的三种情形来看，这里的“情形”实际上就是指“情节”。立法对情节的含义界定和用语统一性的缺乏，导致学界对情节的理解异常混乱，与此直接相关的是对酌定情节内涵和外延的理解和把握更是异见纷呈。

（二）酌定情节的地位模糊

在定罪和量刑过程中，酌定情节究竟是必须适用的情节还是可有可无、任由法官自由选择决定，《刑法》并没有明确的规定。《刑法》第61条规定：“对于犯罪分子决定刑罚的时候，应当根据犯罪的事实、犯罪的性质、情节和对于社会的危害程度，依照本法的有关规定判处。”该条规定通常被认为是情节在刑罚裁量中发挥作用的规范依据。然而，由于《刑法》关于情节的特别规定都是就法定情节而言，并没有就酌定情节专门提及，所以理论上和实践中有人认为酌定情节是由法官灵活掌握酌情适用的情节，似乎意味着酌定情节并不必然影响定罪或者量刑，是否实际起作用须经法官斟酌而定，当个案中同时存在法定情节和酌定情节时，在适用的顺序上要优先考虑法定情节，在作用力的大小上酌定情节也不及法定情节大。

（三）酌定情节的功能不明确

酌定情节的功能不明确既表现在定罪中也表现在量刑中。如果说由于存在《刑法》第 61 条的原则性规定而在量刑中不得不考虑酌定情节的话，对于酌定情节在定罪中的功能学界和实务界一般都持否定态度。绝大多数学者和司法人员都认为酌定情节只是影响量刑的因素，而不可能影响定罪，他们在谈论酌定情节时都是仅就量刑而言，或者干脆将其称为“酌定量刑情节”，目前有关酌定情节的理论研究的著述基本上都限定在量刑的范畴内就是这一片面认识的实例。即便一致认可酌定情节影响量刑，在具体作用上也并非一以贯之。例如，有人认为免予刑事处罚的依据仅限于《刑法》总则和分则具体规定的法定情节，而不包括酌定情节，还有人认为决定选择法定刑幅度的因素只有法定情节，酌定情节只能在法定刑幅度内确定刑罚的轻重。

二、酌定情节的司法问题

酌定情节的上述立法缺陷在司法中也带来了一系列问题。主要表现在以下三点：第一，轻视乃至忽视酌定情节在定罪量刑中的运用，个别司法人员甚至认为酌定情节是可用可不用的情节。第二，对酌定情节适用的标准不统一，对于哪些事实应当作为酌定情节影响定罪量刑，哪些不能够作为酌定情节适用，以及酌定情节影响定罪量刑的程度有多大，司法实践中的认识和把握并不统一；对于同一个事实，有的地方作为酌定情节适用于定罪量刑，有些地方则没有适用，有些地方过于夸大酌定情节的影响力，有些地方则并未予以充分考虑。第三，优先适用法定情节，认为酌定情节只是法定情节的补充。个别司法人员认为法定情节是法律明确规定的影响量刑的因素，不考虑就是明显违法，即便是在量刑时不予适用也要在判决书中说明理由；而酌定情节的内容和功能法律并没有明确规定，适用不适用影响不大，从对审判结果的监督上看，不适用酌定情节一般也不会出现问责的情况或者不会出现大的问责情况，更何况酌定情节的内容和功能均缺乏明确具体的法律规定，实践中操作起来比较"麻烦"。

实践中对于酌定情节的片面认识和做法很有可能造成定罪的偏差和量刑的失当，以下两个案例就是这种错误的极端表现。

▶ 案例一：四川省某村干部非法制造爆炸物案[1]——定罪偏差的典型

四川省某地有一个居住着300多户村民的山村，该山村非常贫穷，为了脱贫致富，村民决定修一条通往附近一个比较繁华集镇的公路。在无法争取到上级财政资助的情况下，村

---

〔1〕 此案例是陈忠林教授在许多场合多次讲到的发生在四川的真实案件。参见陈忠林：《法理与情理：一篇被毙掉的序言》，载道客巴巴网2013年12月8日，https://www.doc88.com/p-9425408779680.html。

干部决定组织村民有钱出钱，有力出力。于是每家凑 50 元，300 多户人家共凑了 1 万多元。然而，这条要修的路是长约 7 公里的翻山公路，1 万多元对如此庞大的工程量来讲简直就是杯水车薪。为了尽可能有效地利用大家很不容易才凑齐的修路钱，村干部经与村民们商议后决定用这些钱来买原料，自己制造炸药，以求能够减轻最艰苦的开山辟石工程的困难。就这样，前后一共制造了 800 多千克炸药。在炸药的制造、使用过程中，没有造成任何人员伤亡和财物损失。经过村民们一年多的艰辛努力，公路终于修通。可是，就在大家欢庆公路开通的时候，司法机关却将带头组织修路的村干部抓了起来，并以非法制造爆炸物罪判处其 10 年有期徒刑。

该案件的处理结果机械地看合乎法律的规定，并不存在什么错误，因为依照当时的司法解释，非法制造炸药 1 千克以上，就可以按照非法制造爆炸物罪追究刑事责任；制造数量达到最低数量标准的 5 倍以上，就属于“情节严重”，应当判处 10 年以上有期徒刑、无期徒刑或者死刑。〔1〕然而，该判决引起当地民众的强烈不满，原因就在于这是一个违情悖理的判决。之所以得出如此违情悖理的结论，实际上就是由于审理案件的法官对该案中存在的酌定情节缺乏全面准确的把握和运用。认真考察案情不难发现，该案存在多个值得宽恕的酌定情节：

其一，行为人具有善良动机，即村干部是出于给老百姓做好

〔1〕 参见最高人民法院《关于审理非法制造、买卖、运输枪支、弹药、爆炸物等刑事案件具体应用法律若干问题的解释》(2001 年)第 2 条的规定。

事、办实事的目的，与一般的非法制造爆炸物案中为了谋求个人私利或者其他不法动机具有质的不同。

其二，事出于不得已的原因，是在村民们急于脱贫致富的情况下迫不得已而为之，与无事生非、为了挥霍享乐甚至其他违法目的而非法制造爆炸物相比，具有很大程度的可谅解性。

其三，客观上产生了有利于社会的结果，确实为当地老百姓创造了脱贫致富的条件，与一般的非法制造爆炸物案件对国家、社会、民众的生命财产安全带来严重的影响或威胁的情况恰恰相反。

其四，没有造成任何实际损害，与因非法制造爆炸物而致人伤亡或者造成公私财产损失存在不同。

对这些酌定情节全面综合评价后可以认为，该案中村干部的主观恶性、人格缺陷以及行为的社会危害程度都非常小甚至没有，其社会危害性远远没有达到应受刑罚处罚的程度，因而属于《刑法》第 13 条但书规定的“情节显著轻微危害不大”，不应当被认为是犯罪。

值得欣慰的是，最高人民法院及时查缺补遗，于 2001 年 9 月 17 日下发通知对上述解释作出修正。该通知规定对于上述解释施行前，行为人确因生产、生活所需而非法制造、买卖、运输枪支、弹药、爆炸物且没有造成严重社会危害，经教育确有悔改表现的，可以依照《刑法》第 13 条的规定，不作为犯罪处理；对于上述解释实施后的此种情形，可以依法免除或者从轻处罚。本书认为，该通知对于在处理此类案件时全面正确地适用酌定情节具有积极的指导意义，值得称赞！

案例二：许某某盗窃案[1]——量刑失当的典型

2006年4月21日，许某某到广州市天河区某银行ATM取钱。许某某银行卡的余额只有一百多元，只能取出其中的100元，但他在操作中不慎多按了个“0”，而由于银行系统升级出错，ATM竟然吐出了1000元，并且仅在其账户上扣除了1元。于是，许某某反复采用此种做法，连续多次从该ATM上取款，共取走17万余元，然后潜逃外地。后经银行查实并联系许某某索款未果而案发。2007年11月20日，广州市中级人民法院一审以盗窃罪判处许某某无期徒刑，剥夺政治权利终身，并处没收个人全部财产。该判决作出后引起社会上的强烈反响，社会舆论争议很大。后广东省高级人民法院依法裁定将本案发回广州市中级人民法院重新审判。广州市中级人民法院于2008年3月31日作出重审判决，以盗窃罪判处许某某有期徒刑5年，并处罚金2万元；同时追缴许某某犯罪所得173,826元，发还受害单位。2008年5月21日，广东省高级人民法院终审维持了一审判决，本案得以最终定断。

本书认为，本案在定性上是准确的，因为许某某行为的主客观表现完全符合盗窃罪的成立条件。除了第一次取款缺乏故意之外，其余170余次的恶意取款行为足以证明其在主观上具有非法占有银行财产的故意，客观上也将这种故意的内容付诸实施。而

---

〔1〕 参见广东省广州市中级人民法院刑事判决书，(2008)穗中法刑二重字第2号。

理论上争议的不当得利、信用卡诈骗罪以及侵占罪等都不能成立。首先，许某某第一次取款的行为成立不当得利没有问题，但其第二次及以后的取款行为由于明显是出于非法占有的目的而故意获取他人财产，因而不属于民法上的不当得利行为。其次，虽然许某某恶意取款的行为从表面上看可以归入信用卡诈骗罪的恶意透支行为，但是信用卡诈骗罪中的恶意透支行为的“透支”本身是银行方允许的，不允许的是以非法占有为目的超过规定限额或者规定期限透支，而许某某的恶意取款行为是利用 ATM 系统出错时故意实施，实质上银行方是不允许的，所以不能成立信用卡诈骗罪。最后，根据《刑法》第 270 条的规定，侵占罪的对象是保管物、遗忘物或者埋藏物，而本案涉案款项不属于其中任何一种，故许某某的行为不符合侵占罪的构成要件。

既然本案在定性上不存在问题，那么同样一个案情同一个罪名，为什么前后的量刑结果悬殊如此之大？究竟哪个判决结果更为合理？本书对重审判决持肯定态度，因为它关注到了本案与通常的盗窃案件在酌定情节上的差别。有人认为本案的原一审判决的量刑是完全合法的，因为本案盗窃的是金融机构〔1〕，数额特别巨大，并且没有从轻或者减轻处罚的法定情节，而且，许某某在自己恶意取款得逞后还告诉他人，他人在得知后也采用同样的方法恶意取款，盗窃后携款潜逃，且案发后没有积极退赃，等等，都是趋

---

〔1〕　这里是就《刑法修正案（八）》实施之前而言的，《刑法修正案（八）》第 39 条已经将“盗窃金融机构，数额特别巨大”或者“盗窃珍贵文物，情节严重”的“处无期徒刑或者死刑，并处没收财产”的规定予以删除。后文再有提及，与此同。

备等普通的盗窃金融机构的行为相比，客观危害明显要小。

第五，在损害结果上，虽然许某某花费了盗窃赃款，但银行的损失并非不能挽回，许某某的亲属愿意全额返还。

第六，许某某一贯表现良好，此次犯罪是初犯，并且具有极大的偶然性（数字偶然输错、ATM 偶然出错并吐款，ATM 偶然出错且每取 1000 元只扣 1 元），因而其人格缺陷程度很小。〔1〕

综合以上酌定从宽情节，许某某的行为虽然应当受到刑罚处罚，但其社会危害性绝对没有达到需要判处 10 年以上有期徒刑乃至无期徒刑的程度。从案件的所有情节来看，重审判决比较合理，而原一审判决是在对上述酌定情节欠缺考虑情况下的不当之举，也因此严重违反了《刑法》第 61 条、第 63 条第 2 款的规定，并无“合法性”可言。

第二节　酌定情节的完善建议

一、酌定情节法定化

如本书多次论及的，酌定情节虽然具有适用的法律依据，然而，我国《刑法》并没有就酌定情节的内容和适用作出明确具体的规定，而是隐含在相关的情节规定中。关于酌定情节的含义、范围、

〔1〕 参见石经海：《量刑个别化的基本原理》，法律出版社 2010 年版，第 345～353 页。

地位、功能的理论争议以及酌定情节在司法适用中的偏差,最主要的原因是立法中缺乏对其明确统一的规定。因而,提出合理的立法完善建议,一方面,能够在一定程度上定分止争、统一认识;另一方面,有助于提醒法官重视对酌定情节的把握和运用,并为实际操作提供明晰统一的标准,也算是本书对实践所尽的绵薄之力。

提倡酌定情节法定化,并非妄想将所有的酌定情节都一一规定于《刑法》条文之中(这只是一种理想主义的追求却不可能真正实现),而是采用概括与列举相结合的方式,把理论界认可程度比较高,实践中出现的概率比较大且相对成熟的酌定情节明确纳入刑法规范中对其内容和功能予以明确规定,同时附以概括性的兜底规定用以涵盖所有其他没有被列举但同样能够影响定罪量刑的酌定情节。概括性的规定旨在明确酌定情节的本质、地位和功能,为司法实践提取运用酌定情节提供标准和依据。有限列举的目的在于提示法官以此为参照重视酌定情节在定罪量刑中的运用。

刑法理论和实践中得到比较一致认可和较为常见的酌定情节主要包括犯罪动机、犯罪的目的、犯罪人罪前的一贯表现、犯罪人罪后的表现、犯罪造成的危害结果、犯罪手段、犯罪对象、犯罪时间和地点,等等。[1]这些酌定情节在国外刑事立法中的认可度也非常高。例如,《德国刑法典》第46条第2款规定:"法院在量刑

〔1〕 参见高铭暄、马克昌主编:《刑法学》,中国法制出版社2007年版,第309~311页;马克昌主编:《刑罚通论》,武汉大学出版社1999年版,第333~334页;张明楷:《刑法学》,法律出版社2011年版,第506~507页;陈兴良:《本体刑法学》,商务印书馆2001年版,第767~769页;陈忠林主编:《刑法总论》,高等教育出版社2007年版,第272~273页。

时，应权衡对犯罪人有利和不利的情况。特别应注意下列事项：犯罪人的犯罪动机和目的，行为所表露的思想和行为时的意图，违反职责的程度，行为方式和犯罪结果，犯罪人的履历、人身和经济情况，及犯罪后的态度，尤其是为了补救损害所作的努力。”〔1〕《意大利刑法典》在第三章中单独设置“犯罪情节”作为一节，集中对各种犯罪情节的内容和适用进行明确详细的规定，其中第7条规定：“在刑事法律的意义上，对情节做下列分类：1）涉及行为的性质、种类、手段、对象、时间、地点和其他任何方式的情节，涉及损害或危险的严重程度的情节，以及涉及被害人的地位或身份的情节，是客观情节；2）涉及故意或者过失的程度、犯罪人的地位或身份、犯罪人与被害人的关系的情节，以及与犯罪人的人身有关的情节，是主观情节。与犯罪人的人身有关的情节涉及的是可归罪性和累犯问题。”〔2〕此外，《法国刑法典》《俄罗斯联邦刑法典》《越南刑法典》中都有针对上述酌定情节的全部或者部分内容的直接或者间接的规定。

通过上述分析，本书建议，在未来我国《刑法》修正过程中可以根据理论的探索和实践经验的发展逐步明确酌定情节的内容和适用。就目前而言，可以先在以下两个条款中增加关于酌定情节的专门规定：

在《刑法》第13条中增加一款，具体内容为：“前款中的情节，既包括本法其他条款规定的情节，也包括行为动机、目的、行为人

〔1〕《德国刑法典》，徐久生、庄敬华译，中国法制出版社2000年版，第56页。
〔2〕《意大利刑法典》，黄风译，中国政法大学出版社1998年版，第27页。

实施行为前的一贯表现、行为人实施行为后的表现、行为造成的危害结果以及行为实施的手段、对象、时间、地点等所有能够体现行为的社会危害性程度的事实。”

在《刑法》第 61 条后增加一款，具体内容为：“前款中的情节，与本法第十三条第二款的规定相同。”

二、酌定情节司法规范化

酌定情节法定化是对酌定情节在定罪量刑中的地位和功能的明确肯定，但并不意味着必然能为其在实践中的适用带来实质性的改观。一方面，酌定情节法定化在内容上只能是有限为之，不能穷尽千差万别的个案表现形式，实践中仍然离不开法官的具体掌握，筛选提炼。另一方面，即便把握了酌定情节的内容，但同一个酌定情节由于内在细节上的差异，所体现出来的社会危害性的大小势必有所不同，究竟能够在多大程度上影响定罪量刑也不能完全通过简单的法定化一概而论。因而，法定化并不是解决酌定情节所有问题的“万能钥匙”，还需要通过建立配套的司法操作制度，保障酌定情节的恰当运用。宏观地讲，主要有以下几条路径。

（一）司法解释

司法解释，即最高人民法院和最高人民检察院对《刑法》适用中具体问题的解释。虽然，最高人民法院、最高人民检察院的这种解释权受到合法性乃至合宪性的质疑，[1]然而，在我国目前的情况下，最高人民法院、最高人民检察院的司法解释确实为正确适用法律、维护法制统一起到了不可替代的重要作用。“两高”关于适用《刑法》中具体问题的解释同样如此，具体到酌定情节而言，由于其独立规定的立法缺失以及内容和功能的不确定性，目前在实践中的运用绝大部分都是依赖于司法解释。

例如，最高人民法院、最高人民检察院《关于办理盗窃刑事案件适用法律若干问题的解释》第 2 条规定：“盗窃公私财物，具有下列情形之一的，‘数额较大’的标准可以按照前条规定标准的百分之五十确定：(一) 曾因盗窃受过刑事处罚的；(二) 一年内曾因盗窃受过行政处罚的；(三) 组织、控制未成年人盗窃的；(四) 自然灾害、事故灾害、社会安全事件等突发事件期间，在事件发生地盗窃的；(五) 盗窃残疾人、孤寡老人、丧失劳动能力人的财物的；(六) 在医院盗窃病人或者其亲友财物的；(七) 盗窃救灾、抢险、防汛、优抚、扶贫、移民、救济款物的；(八) 因盗窃造成严重后果的。”第 7 条规定：“盗窃公私财物数额较大，行为人认罪、悔罪，退赃、退赔，且具有下列情形之一，情节轻微的，可以不起诉或者免予刑事处罚；必要时，由有关部门予以行政处罚：(一) 具有法定从宽处罚情节的；(二) 没有参与分赃或者获赃较少且不是主犯的；(三) 被害人谅解的；(四) 其他情节轻微、危害不大的。”这两条就是从实

---

〔1〕 根据我国《宪法》的规定，人民法院依照法律规定独立行使审判权；最高人民法院监督地方各级人民法院和专门人民法院的审判工作，并没有解释法律的权限。我国《立法法》则明确规定，法律解释权属于全国人民代表大会常务委员会，最高人民法院、最高人民检察院等国家机关只是可以向全国人民代表大会常务委员会提出法律解释要求。

践的角度对行为人前科情况、行为手段、行为时间、行为地点、行为对象、行为后果、被害人状况以及行为实施后的表现等酌定情节影响定罪处罚的认可。

又如，最高人民法院、最高人民检察院《关于办理诈骗刑事案件具体应用法律若干问题的解释》第 2 条第 1 款规定："诈骗公私财物达到本解释第一条规定的数额标准，具有下列情形之一的，可以依照刑法第二百六十六条的规定酌情从严惩处：(一) 通过发送短信、拨打电话或者利用互联网、广播电视、报刊杂志等发布虚假信息，对不特定多数人实施诈骗的；(二) 诈骗救灾、抢险、防汛、优抚、扶贫、移民、救济、医疗款物的；(三) 以赈灾募捐名义实施诈骗的；(四) 诈骗残疾人、老年人或者丧失劳动能力人的财物的；(五) 造成被害人自杀、精神失常或者其他严重后果的。" 体现了行为手段、行为对象、被害人状况、行为后果等酌定情节对处刑轻重的影响。

在当前有关酌定情节的立法粗疏的现状下，仍然需要继续重视司法解释的这种积极作用，要勤于调研、善于总结司法过程中遇到的酌定情节，及时查漏补缺，增加、细化、修正有关酌定情节的司法解释，以保证酌定情节的司法规范化，同类酌定情节的运用统一化。当然，针对司法解释必须予以理性的审视，而不能盲目依从、机械地 "对号入座"，更不允许唯司法解释是用。司法解释只是帮助法官更好地理解刑法的参考，并不是刑法规范本身，定罪量刑的依据只能是刑法规范而不是司法解释。在定罪量刑中，当参照司法解释 "对号入座" 后得出的却是违反了常识、常理、常情的结论时，则需要认真审视司法解释的合理性，重新回到刑法规范本身，并对刑法规范作出合情合理的解释后加以正确适用。

（二）量刑规范

自《刑法》颁布以来，最高人民法院和最高人民检察院制定了为数众多的司法解释。然而，这些司法解释中有关酌定情节的内容和功能多为原则性的确认，较少有就其具体适用进行详细解释的情形，并且多偏重对定罪的解释，而对量刑的解释相对而言要少得多。一方面，这是对法官自由裁量权的尊重；另一方面，也因为酌定情节是一个庞杂的体系，将每种酌定情节的具体运用都十分详尽地加以阐释是不现实的。但是，正是由于酌定情节内容的庞杂性，才需要有一个相对统一的适用标准，以避免具体适用中顾此失彼，更何况量刑涉及对刑罚量的具体确定，我国《刑法》分则规定的同一法定刑幅度的刑罚跨度往往又比较大，过于原则的规定并无益于克服量刑不均的弊端。因而，针对量刑不公和量刑失衡的问题，制定统一的量刑指南对量刑标准和量刑程序进行统一规范显得非常必要。

量刑规范化改革作为中央确定的重要司法改革内容，是我国刑事司法领域最早启动的重大改革项目之一，也是我国刑事法制发展史上具有重要意义的一件大事。2008 年 8 月，在中央统一部署下，最高人民法院确定 4 个中级人民法院和 8 个基层人民法院进行试点，并于 2010 年 10 月 1 日起在全国法院试行，由此拉开了我国量刑规范化改革的大幕。十余年来，量刑规范化改革经历了从最初的在全国部分法院试点，到后来的在全国法院试行，乃至目前的在全国法院正式开展；从最初的针对 5 个常见多发罪名试行，到后来的 15 个罪名、23 个罪名，乃至目前的 30 个罪名；从最初的针对有期徒刑试行，到后来的有期徒刑和拘役，乃至目前的有期徒刑、拘役、罚金刑和缓刑，不仅有效回应了社会关切，而且对推动我国司法理念更新，推动量刑规范化，统一法律适用，促进量刑公正等均产生深远影响。〔1〕

支撑这项试点工作的，是最高人民法院发布的两个文件——《人民法院量刑指导意见（试行）》（已失效）和《人民法院量刑程序指导意见（试行）》。其中，原《人民法院量刑指导意见（试行）》经过四次修改完善，演变为现行有效的最高人民法院和最高人民检察院联合制定的《关于常见犯罪的量刑指导意见（试行）》和《关于常见犯罪的量刑指导意见（二）（试行）》；《人民法院量刑程序指导意见（试行）》经过三次修订完善，发展为最高人民法院、最高人民检察院、公安部、国家安全部、司法部联合制定的《关于规范量刑程序若干问题的意见》。

量刑程序指导意见旨在从程序上确立法庭审理过程中定罪和量刑两个环节的相对分立，突出量刑在法庭审理中的独立地位，为控辩双方在法庭上就量刑问题提出意见和展开辩论提供舞台，而且给予被害方参与量刑的机会，有利于让被害人了解整个量刑的过程，提高透明度，进而减少被害人不服判和上访的现象。量刑

〔1〕 参见李玉萍：《量刑规范化 十年磨一剑》，载郑州市惠济区人民法院网 2018 年 10 月 16 日，https://hjqfy.hncourt.gov.cn/public/detail.php?id=8173。

指导意见旨在从实体上进一步明确和规范《刑法》上的众多富有弹性的量刑情节，基本思路是：先确定一个基准刑，即针对某一具体犯罪，在不考虑各种法定和酌定量刑情节的前提下，根据基本犯罪事实，对犯罪行为的社会危害性进行量化分析，从而实现对法定刑幅度的合理细分，确定一个应当判处的刑罚。它以犯罪的社会危害性为基础，根据罪责刑相适应原则的要求，确立量刑的基本方向，解决的是一般公正。在此基础上，再根据各种从轻或者从重的量刑情节对基准刑作出相应的调节，最后确定一个宣告刑。它是根据刑罚个别化原则的要求，强调反映被告人主观恶性和人身危险性的各种量刑情节对基准刑的调节作用，以达到区别对待、解决个案公正的目的。明确规定量刑的上述两个步骤，有利于将量刑的思维过程展示出来，使量刑这个很难说明白的法官"内心活动"变得明确起来，克服以往"估堆"量刑存在的步骤不明的问题。〔1〕量刑指导意见的最明显特色之一就是将量化引入量刑机制，最初确立了以定量分析为主、定性分析为辅的量刑方法，后来修改为以定性分析和定量分析相结合，再修改为以定性分析为基础，结合定量分析，最终确立了以定性分析为主，定量分析为辅的量刑方法。并在此基础上全面规范了情节在刑罚裁量中的提取和适用，既有情节在量刑中发挥作用的路径规定，又有多情节并存时适用的原则规定；既有法定情节的适用规定，又有酌定情节的适用规定；既有常见情节的列举规定，又有其影响刑罚幅度的量化

〔1〕 参见刘仁文：《量刑改革：让自由裁量更阳光》，载微信公众号"人文法治"2023 年 3 月 11 日，https://mp.weixin.qq.com/s/yHaweGFqmus3pBe5S5wEdA。

规定。

量刑规范化改革对推动量刑公正作出了巨大贡献。主要表现在三个方面：一是把量刑纳入法庭审理程序，实现了量刑过程的公开和透明，特别是让辩护律师参与到量刑程序中来，让量刑说理落到实处，使人民群众切实感受到了公平正义；二是全面规范了量刑情节的提取和适用；三是将量刑原则和量刑政策贯穿于量刑全过程。〔1〕

当然，量刑规范化是一项复杂的系统工程，目前还有很多问题需要继续研究。例如，如何进一步扩大罪名范围，解决所有犯罪至少是绝大部分犯罪的量刑规范化；现行的量刑指导意见所规定的各种罪名的量刑起点是否准确、各种常见量刑情节的调节幅度是否合理；法庭的量刑环节在程序设置和证据规则方面如何进一步优化；等等。另外，量刑情节的细化有利于遏制"一放就乱"，但如何防止"一统就死"也是需要注意的。从国外的经验看，量刑指导意见只是一种参考，还应当允许法官针对个案的特殊情形突破"指导意见"，不过此时要通过判决书的说理来很好地说明为什么要做这种突破。再就是酌定情节与法定情节的同等看待问题，目前仍然存在偏重对法定情节的规定，对酌定情节重视程度不够的情况。例如，最高人民法院、最高人民检察院《关于常见犯罪的量刑指导意见（试行）》关于量刑的基本方法之调节基准刑的方法中规定："具有未成年人犯罪、老年人犯罪、限制行为能力的精神病人犯罪、

〔1〕 参见常翔宇：《量刑规范化改革 实现了罪名从5个到23个的跨越》，载《中国审判》2021年第16期。

又聋又哑的人或者盲人犯罪，防卫过当、避险过当、犯罪预备、犯罪未遂、犯罪中止，从犯、胁从犯和教唆犯等量刑情节的，先适用该量刑情节对基准刑进行调节，在此基础上，再适用其他量刑情节进行调节。”这一规定就有可能导致法官误认为法定情节比酌定情节重要，在法定情节与酌定情节同时存在时应该优先适用法定情节。这些问题都还有待在今后修订指导意见时予以充分关注和完善，进而更加有效地发挥量刑指导意见对于规范刑罚裁量权，促进量刑精准、量刑均衡，维护司法公正的重要作用。

（三）案例指导制度

一个案例胜过一沓文件。随着社会生活的不断发展，犯罪行为也不断出现新的形式。由于成文法的滞后性，不能及时适应瞬息万变的新生事物，这就导致在司法实践中，只靠成文的法律及司法解释所作出的裁判结果，在很多情况下不能取得良好的社会效果。更何况《刑法》规定是抽象的，而司法解释和量刑指导意见虽然可以将抽象的法律具体化、明确化，但是，这种具体和明确也是相对而言的，实践中在面对具体案件时，仍然避免不了适用《刑法》的困难存在。尤其是酌定情节在内容和功能上都具有很大程度的抽象性和不确定性，即便是法定化，实践中也会经常出现难以将案件的具体事实与法律确定的酌定情节一一对应的情况。因此，案例指导制度越来越成为学界和实务界所关注的焦点。

所谓案例指导制度，是指通过选编、发布在事实认定、证据采信、适用法律和规范裁量权等方面具有普遍指导意义的案例，为司法实践提供指导和参考，帮助司法人员更加准确地理解和适用《刑法》，统一刑罚裁量标准，避免“同罪异罚”等问题。[1]2005年10月，最高人民法院在《人民法院第二个五年改革纲要（2004—2008）》中指出：“建立和完善案例指导制度，重视指导性案例在统一法律适用标准、指导下级法院审判工作、丰富和发展法学理论等方面的作用。”2010年，最高人民法院发布了《关于案例指导工作的规定》，确立了案例指导制度。2015年，最高人民法院发布《〈关于案例指导工作的规定〉实施细则》，对案例指导制度进行了细化和完善，规定各级人民法院正在审理的案件，在基本案情和法律适用方面，与最高人民法院发布的指导案例相类似的，应当参照相关指导案例的裁判要点作出裁判。不同于普通法系的判例法，我国的指导案例不具有法律强制约束力，但作为审判参考，属于“准司法解释”性质，具有间接约束力，法官在类似案件中需参照指导案例的裁判要点，若不采用须书面说明理由。案例指导制度是我国司法体系的重要创新，对于统一裁判尺度、增强司法公信力，弥补成文法局限、适应社会变化，促进司法透明、约束自由裁量权具有重要意义，其在平衡成文法刚性与司法灵活性间的探索，为全球法治发展提供了独特经验。

案例指导制度对酌定情节的认定与适用具有重要意义，其通过“具体案例+抽象规则”的方式，为酌定情节的认定和适用提供了兼具灵活性与规范性的解决方案。这个方案既尊重了法官的自

〔1〕 参见石经海：《量刑个别化的基本原理》，法律出版社2010年版，第379页。

由裁量权，又通过类案约束机制防范裁量权滥用，是中国司法平衡“规则之治”与“个案正义”的重要实践。

一是案例指导制度通过具体案件示范如何认定和评价酌定情节，间接统一了酌定情节的认定标准，明确常见酌定情节的裁量边界，形成酌定情节影响定罪量刑的“隐形标准”。例如，最高人民法院指导案例 4 号（王某才故意杀人案），明确因婚恋矛盾引发的故意杀人案件中，被告人的悔罪表现、赔偿情况等酌定情节可作为“慎用死刑立即执行”的依据。

二是案例指导制度通过“应当参照”强化酌定情节的适用约束力，法官在审理涉及酌定情节的案件时，若存在类似指导案例，须参照其裁判逻辑。若偏离案例标准，须书面说明理由，从而倒逼裁判说理规范化，限制自由裁量权的滥用，减少随意性。

三是案例指导制度通过裁量要点提供酌定情节的分析框架，为酌定情节的提取和适用提供逻辑参考，进而增强裁判说理的透明度与公信力。

四是案例指导制度能够弥补成文法对酌定情节规定的不足，动态适应社会变迁。一方面，针对新型案件中的酌定情节，指导案例可先行探索裁判规则。例如，最高人民法院指导案例 102 号（付某豪、黄某超破坏计算机信息系统案），将“造成不能正常运行的计算机信息系统数量、相关计算机信息系统不能正常运行的时间，以及所造成的损失或者影响等”作为判断对于“DNS 劫持”是“后果严重”还是“后果特别严重”的酌定因素。另一方面，案例指导制度通过更新案例库,及时反映社会对某些酌定情节评价的变化。例如,近年发布的指导案例强调将“生态修复行为”作为环境犯罪中的从宽酌定情节,体现了绿色发展理念。

当然,案例指导制度也存在一些不足或者值得优化的地方。例如,案例覆盖不均衡,传统犯罪领域案例较多,新型案件(如数据犯罪、人工智能侵权)的酌定情节认定规则仍待充实。又如,部分法官机械参照案例,忽视个案特殊性,可能削弱酌定情节的灵活性价值。再如,检索工具的便利性不足,案例分类、酌定情节的分类以及检索效率等都还需要进一步优化和提升。

针对这些问题,可以从以下方面着手解决:一是逐步扩大案例库的覆盖面,及时研究发布更多新型犯罪和新型酌定情节的运用案例。二是强化技术支撑,利用 AI 技术优化案例检索与智能推动,在法官审理案件时自动匹配相关指导案例中的酌定情节分析模型。三是完善激励机制,一方面,将案例参照情况纳入法官办案质效考核;另一方面,适当发布“反面案例”,明确不当适用酌定情节的裁判错误类型,增强警示作用。四是强化案例与司法解释衔接,将成熟的酌定情节认定规则上升为司法解释,提升权威性。此外,要想通过案例指导制度使对酌定情节的适用发挥参考价值,还需要强化裁判说理制度,对于酌定情节是如何对案件的定罪量刑发挥作用、影响的幅度有多大、为什么会存在这种作用等理由,必须在裁判文书中予以说明,这样才真正有助于引导法官重视对酌定情节的对比研究,从而更加有效地参照适用。

（四）情节调查制度

情节调查并非现行法律的独立制度，而是司法机关在案件办理中，针对情节有关的事实证据进行收集、审查与认定所形成的一套依托于现有法律框架的实践机制。该制度对于全面收集酌定情节有关证据，准确认定和适用酌定情节，进而作出更加符合法律刚性正义与个案实际情况的精准裁判，具有重要意义。我国《刑事诉讼法》第 52 条规定，“审判人员、检察人员、侦查人员必须依照法定程序，收集能够证实犯罪嫌疑人、被告人有罪或者无罪、犯罪情节轻重的各种证据”。第 115 条规定，“公安机关对已经立案的刑事案件，应当进行侦查，收集、调取犯罪嫌疑人有罪或者无罪、罪轻或者罪重的证据材料”。第 171 条规定：“人民检察院审查案件的时候，必须查明：（一）犯罪事实、情节是否清楚，证据是否确实、充分……”第 198 条第 1 款规定：“法庭审理过程中，对与定罪、量刑有关的事实、证据都应当进行调查、辩论。”可见，对包括酌定情节在内的各种影响定罪量刑的事实情节进行调查取证、审查认定是司法机关的法定职责，具有明确的法律依据。问题只是实践中缺乏体系化的可具体参照执行的细化标准。

为此，建议司法机关可自下而上地逐步探索建立专门的情节调查制度，该制度包括但不限于以下具体内容：

一是责任义务规范。明确收集、调取、审查酌定情节是司法机关办理刑事案件的规定性动作和必经环节，并规定不同诉讼阶段调查审查的主体和侧重点，做到权责清晰、义务明确。

二是酌定情节提取指引。明确将“法律没有具体规定，但能够体现行为的社会危害性程度从而影响定罪量刑的事实”作为提取酌定情节的根本标准，辅之以不同类型的常见酌定情节作为参考。如可以时间为标准，以不完全列举方式分别将事前、事中、事后的常见酌定情节列举出来，或者以社会危害性的不同方面为标准，分别列举出体现客观危害、主观恶性、人格缺陷的酌定情节，从而指引司法人员朝着这样的方向和标准去提取和认定酌定情节。

三是酌定情节证据指引。明确常见酌定情节的调查方法、证据形式、证据标准及采信规则等，为司法人员收集、审查酌定情节证据提供具体参考。

四是酌定情节分析认定模板。紧扣酌定情节的本质属性，结合不同类型酌定情节的不同特点，设计出之所以认定其为酌定情节，并且在一定程度或比例上影响定罪量刑的分析论证模板，为酌定情节的具体认定和适用，以及裁判文书说理提供标准化参考，进而更加清晰地引导司法人员正确认识和适用酌定情节。

— 结 论 —

科学界定酌定情节的定义是研究酌定情节一切相关问题的逻辑起点。酌定情节是指法律没有具体规定，但能够体现行为的社会危害性程度从而影响定罪量刑的事实。该定义中“体现行为的社会危害性程度”准确地揭示了酌定情节区别于对定罪量刑不具有实体意义的案件事实的本质属性，是司法实践中提取酌定情节的根本依据，也是酌定情节能够在定罪量刑中发挥作用的根本原因；“法律没有具体规定”是酌定情节区别于法定情节的外在标志；“影响定罪量刑”是对酌定情节功能的全面概括，是对仅将酌定情节视为量刑情节之一的传统认识的重要突破。

酌定情节与法定情节的区分极具相对性。它们在本质上相同，在功能上紧密联系，在立法上可以相互转化。其区别仅在于酌定情节在法律上没有具体的规定，而法定情节在法律上具有相对具体的规定；酌定情节的内容和功能都不确定，而法定情节的内容确定、功能相对确定。

酌定情节与犯罪构成要件虽然都是影响定罪的抽象因素，但是两者却有着明显的区别：前者主要体现行为社会危害性量的大小，后者主要决定此罪或彼罪的性质；前者是对犯罪事实的抽象，后者是对法律规定的抽象；前者体现的内容是具体犯罪的个性，后者体现的内容是某种犯罪的共性；前者属于对影响犯罪社会危害性程度的感性认识，后者属于对某种犯罪特殊本质的理性认识；前者的实质是行为社会危害性的外在标志，后者的实质是体现行为特殊社会危害性的法律结构；前者每一个酌定情节都可能是犯罪成立的非必要条件，后者每一个要件都是犯罪成立的必要条件。

酌定情节的历史可以追溯到中国古代法律的发展过程，从先秦儒家的“因情制宜”、汉唐时期董仲舒的“原心定罪”，到宋元的“轻重恤刑”、明清的“轻其轻罪，重其重罪”，无不体现出古代法律中的酌定情节思想。清末修律进一步细化了法定情节和酌定情节，民国时期的刑法初步引入了现代意义上的酌定情节。

酌定情节在实质、程序、社会、文化等多个维度均具有重要价值。就实体价值而言，酌定情节能够确保法律适用的一致性，实现刑罚公正与个案正义，促进刑罚的个别化与人性化。就程序价值而言，酌定情节能够增强量刑的灵活性与适应性，提高司法裁判的透明性与公信力，保障当事人的合法权益。在社会价值方面，酌定情节可以促进社会关系修复，促进犯罪预防，推动社会道德建设。在文化价值方面，酌定情节可以传承文化价值观，促进文化交流与融合，塑造文化形象与文化认同。

酌定情节与罪刑法定原则之间无论在法律的内在价值还是法

律的确定性上，也无论在保障个人自由还是保卫社会利益上都具有一致性。酌定情节作为抽象明确的事实，集刑法规范的成文性、刑法规范的简约性、刑法用语的通俗性以及罪刑关系的确定性于一身，完全符合刑法明确性原则的各项要求。

不同的酌定情节能够从不同的侧面体现行为的社会危害性程度，因而可以依照反映社会危害性角度的不同将其分为体现行为客观危害程度的酌定情节、体现行为人主观恶性程度的酌定情节和体现行为人人格缺陷程度的酌定情节。但是这种分类极具相对意义，故分类本身并不是主要目的，而是借此进一步说明酌定情节之所以能够影响定罪量刑的基本原理。酌定情节既可能存在于犯罪过程中，也可能存在于犯罪预备以前或者犯罪不再产生实际危害以后，据此可以将酌定情节划分为罪前酌定情节、罪中酌定情节和罪后酌定情节，以便司法实践中全面提取、恰当运用。

酌定情节在定罪中的作用往往被理论研究所忽视，需要予以特别强调。犯罪构成只是犯罪成立的必要条件而不是充分条件，“犯罪构成 + 情节非显著轻微”才是犯罪成立的充分必要条件。酌定情节在定罪中的作用通过弹性要件符合性的判断，及情节是否显著轻微的确定得以实现。其中，前者起作用的仅限于罪中酌定情节，后者既包括罪中酌定情节也包括罪前和罪后酌定情节。

量刑是一个动态的过程，从大的方面说，包括判决宣告前的量刑和刑罚执行中的量刑两个阶段。无论哪一个阶段的量刑，酌定情节都是必须考虑的因素，它对量刑的影响具有普遍性，并且与法定情节地位平等，没有先后适用之分。从一定意义上讲，酌定情节在量刑中发挥着主导作用。酌定情节之于法定刑向宣告刑转化、宣告刑的执行方式以及宣告刑向执行刑转化都是不容忽视的重要考察因素。基于本质的相同性，罪前、罪中和罪后酌定情节都能够影响量刑。定罪过程中使用过的酌定情节同样还能够影响量刑，这并不违反禁止重复评价原则。

鉴于酌定情节的理论偏见和运用不足的现状，有必要从法定化和司法规范化两个途径对酌定情节进行发展完善。

— 后　记 —

本书是在我博士毕业论文的基础上修改而成的，也是三年博士研究生学习过程的一个难忘的记忆！在付梓之际，不由得又回想起当年攻读博士期间的点点滴滴：本人天生愚钝，做同样的事情总是显得比别人辛苦，读博士期间更是由于跨越专业、基础薄弱而备感疲惫、精神紧张，其中尴尬与痛苦非亲身经历而不能感知。所幸的是，在这三年的学习和论文写作过程中，我时常体味到收获的快乐，每每畅游在知识的海洋中，聆听大师们的教诲时，一种独特的幸福感油然而生；每每遇到难题查阅资料、苦思冥想后寻找到创造性的解决办法时，那种自信的喜悦无以言表；每每与学友们毫无忌讳地倾心交流、讨论问题时，无不感受到同窗友情的弥足珍贵。

正因为这样，我需要借此机会感恩致谢的人太多！

首先感谢的是我的博士生导师西南政法大学的陈忠林教授。恩师高洁的人格、过人的智慧、严谨的学风、渊博的学识，令我深深折服！先生给我的印象是除解答问题、讨论学术之外，向来不苟言笑，但无时不为学生的学习、成长牵肠挂肚，正是这种父亲般的无言大爱督促着我丝毫不敢放松对自己的要求。每念及能够师从先生都有一种无比的自豪感和幸福感！每次听完先生的讲课、每次与先生交流都会使我茅塞顿开、受益匪浅。我的博士毕业论文能够顺利完成，自然得益于先生的不倦教诲，从选题、资料收集、构思到写作、修改、定稿，每一步都离不开先生的悉心指导。遗憾的是，因学生才疏学浅，本书的质量并没有完全达到先生期待的水平。

感谢我的硕士生导师西南政法大学的郑晓均教授及师母蒋小兰教授。正是郑老师和蒋老师的慨然引领和倾心帮助，改变了我人生的方向，坚定了我攻读博士的决心和信心。先生和师母一如既往地关心着我的学习和生活，令异乡求学的我感受到家庭般的温暖和关爱。

感谢西南政法大学的朱建华、梅传强、王利荣、李永升、袁林、石经海、高维俭等诸位教授，是他们的精心授业和悉心解惑，使我习得了丰富的知识，也正是他们在论文开题、写作，以及预答辩中提出的宝贵意见，令本书的研究少走了许多弯路。

感谢我的中学班主任吴进老师、师母马棱老师，以及西南政法大学的张武举教授和赵新立教授，在我徘徊于人生的十字路口时，是他们的无私相助，推动着我坚定信心、勇毅前进。

感谢我的师兄王斌博士、茹士春博士在我的论文选题、写作过程中不厌其烦地与我交流、帮我解惑。感谢我的学友牛忠志、杨春然、郝川、蔡伟文、邵栋豪、赵亮、付其运、胡江、张理恒、初红漫、姜文、曾庆云、梅锦、陈银珠、谢海燕、周建达、李涛、范玉、郑士立、唐正祥、张健、黄悦、张健一、赵冠男等诸位博士，他们一直以来的关心和帮助使我求学的氛围格外和谐，与他们的探讨交流令我受益匪浅。

感谢我工作单位的领导和同事们，是领导们的宽容和支持，是同事们分担了我的许多日常工作，才使我能够有更多的时间专心于学业。

感谢同我一起攻读学位的妻子王莉博士，是她的支持和鼓励，给了我勇往直前的动力，是她无微不至的照料，使我心无旁骛地将论文顺利完成。

尤其要感恩的是生我养我的父亲、母亲，我深知由于自己近乎执拗地坚持求学，既让一辈子“面朝黄土背朝天”的二老感到骄傲，又增添了他们额外的负担！令我终生遗憾的是“子欲养而亲不待”，唯有踏实工作、奋勇前行来告慰二老并聊以自慰了！

最后，谨向为拙著修改完善、出版发行辛勤付出的朱轶佳编辑等老师和无私帮助的朋友们，致以诚挚敬意和衷心谢意！限于个人能力和水平，书中还存在很多缺憾和不足，敬请各位专家、同仁批评指正！